CADERNOS DE PROCESSO DO TRABALHO
N. 21

"Dedico este Caderno
ao Armando Casimiro Costa Filho, *in memoriam*".

Manoel Antonio Teixeira Filho

Advogado — Juiz aposentado do TRT da 9.ª Região – Fundador da Escola da Associação dos Magistrados do Trabalho do Paraná — Professor Emérito do Centro Universitário de Curitiba-Unicuritiba – Professor na Escola da Magistratura do Trabalho do Paraná — Membro do *Instituto Latinoamericano de Derecho del Trabajo y de la Seguridad Social* — do Instituto de Direito Social do Brasil —da *Société Internacionale de Droit du Travail et de la Sécurité Sociale* — do Instituto dos Advogados do Paraná — da Academia Nacional de Direito do Trabalho — da Academia Paranaense de Letras Jurídicas – do Instituto dos Advogados de São Paulo.

CADERNOS DE PROCESSO DO TRABALHO N. 21

Da ordem dos processos e dos processos de competência originária dos tribunais.

Incidente de assunção de competência.

Conflito de competência.

Incidente de arguição de inconstitucionalidade.

Da homologação de sentença estrangeira.

Incidente de resolução de demandas repetitivas.

Reclamação.

De acordo com a Lei n. 13.467/2017 ('Reforma Trabalhista')

LTr®

EDITORA LTDA.

Rua Jaguaribe, 571
CEP 01224-003
São Paulo, SP — Brasil
Fone (11) 2167-1101
www.ltr.com.br
Janeiro, 2019

Produção Gráfica e Editoração Eletrônica: PIETRA DIAGRAMAÇÃO
Projeto de capa: FABIO GIGLIO
Impressão: BOK2

Versão impressa— LTr 6021.2 — ISBN 978-85-361-9915-3
Versão digital— LTr 9514.4 — ISBN 978-85-361-9938-2

Dados Internacionais de Catalogação na Publicação (CIP)

(Câmara Brasileira do Livro, SP, Brasil)

Teixeira Filho, Manoel Antonio

Cadernos de processo do trabalho, n. 21: (de acordo com a Lei n. 13.467/2017 ('reforma trabalhista')/Manoel Antonio Teixeira Filho. – São Paulo: LTr, 2018.

Bibliografia.

ISBN 978-85-361-9915-3

1. Competência (Direito) 2. Direito processual do trabalho 3. Direito processual do trabalho – Brasil 4. Homologação de sentença estrangeira (Direito internacional privado) 5. Inconstitucionalidade das leis I. Título.

18-22091 CDU-347.9:331(81)

Índice para catálogo sistemático:

1. Brasil: Direito processual do trabalho 347.9:331(81)

Cibele Maria Dias – Bibliotecária – CRB-8/9427

SUMÁRIO

Capítulo I

Da ordem dos processos e dos processos de competência originária dos tribunais

1. A matéria, no CPC

Art. 926. Os tribunais devem uniformizar sua jurisprudência e mantê-la estável, íntegra e coerente.

§ 1º Na forma estabelecida e segundo os pressupostos fixados no regimento interno, os tribunais editarão enunciados de súmula correspondentes a sua jurisprudência dominante.

§ 2º Ao editar enunciados de súmula, os tribunais devem ater-se às circunstâncias fáticas dos precedentes que motivaram sua criação.

***Caput* e §§.** A ideia de *estabilidade* da jurisprudência dos tribunais, embora seja elogiável por propiciar certa segurança jurídica aos jurisdicionados, encontra barreiras no terreno da realidade, pois o fenômeno da idiossincrasia é algo inerente ao espírito humano, vale dizer, no espírito dos julgadores. Convém recordarmos que o substantivo *estável* significa aquilo que não varia, inalterável, duradouro. Dessarte, deve-se entender que a norma em exame esteja a preconizar que a jurisprudência seja estável *o quanto possível*; logo, sem caráter absoluto, sob pena, como dissemos, de confrontar-se com a realidade e com a dinâmica das relações sociais e jurídicas.

A respeito da conveniência de manter-se a estabilidade da jurisprudência, disse Alfredo Buzaid: "Na verdade, não repugna aos juristas que os tribunais, num louvável esforço de adaptação, sujeitem a mesma regra a entendimento diverso, desde que se alterem as condições econômicas, políticas e sociais; mas repugna-lhe que sobre a mesma regra jurídica deem os tribunais interpretação diversa e até contraditória, quando as condições em que ela foi editada continuam as mesmas. O dissídio resultante de tal exegese debilita a autoridade do Poder Judiciário, ao mesmo passo que causa profunda decepção às partes que postularam perante os tribunais" (Uniformização de Jurisprudência, *Revista da Associação dos Juízes do Rio Grande do Sul*. 34/139, julho de 1885).

O art. 926 do CPC veio, por assim dizer, para ocupar o espaço que até então era preenchido pelo incidente de uniformização de jurisprudência, previsto nos arts. 476 a 479 o CPC de 1973.

Nas edições anteriores deste livro, dissemos: "Seja como for, o art. 926 do CPC não é aplicável ao processo do trabalho pois a CLT contém norma expressa acerca do tema da uniformização da jurisprudência, como evidencia o seu art. 896, §§ 3º a 9º e 13, com a redação dada pela Lei n. 13.015, de 21.7.2014". Tempos depois, entretanto, a Lei n. 13.467/2017, por seu art. 5.º, inciso I, alínea "o", revogou os §§ 3.º, 4.º, 5.º e 6.º, do art. 896, da CLT, que dispunham sobre o incidente de uniformização da jurisprudência. Em decorrência disso, talvez se possa cogitar da aplicação supletiva, ao processo do trabalho, do art. 926, do CPC. Há, nesse episódio, uma certa ironia.

Art. 927. Os juízes e os tribunais observarão:

I — as decisões do Supremo Tribunal Federal em controle concentrado de constitucionalidade;

II — os enunciados de súmula vinculante;

III — os acórdãos em incidente de assunção de competência ou de resolução de demandas repetitivas e em julgamento de recursos extraordinário e especial repetitivos;

IV — os enunciados das súmulas do Supremo Tribunal Federal em matéria constitucional e do Superior Tribunal de Justiça em matéria infraconstitucional;

V — a orientação do plenário ou do órgão especial aos quais estiverem vinculados.

§ 1º Os juízes e os tribunais observarão o disposto no art. 10 e no art. 489, § 1º, quando decidirem com fundamento neste artigo.

§ 2º A alteração de tese jurídica adotada em enunciado de súmula ou em julgamento de casos repetitivos poderá ser precedida de audiências públicas e da participação de pessoas, órgãos ou entidades que possam contribuir para a rediscussão da tese.

§ 3º Na hipótese de alteração de jurisprudência dominante do Supremo Tribunal Federal e dos tribunais superiores ou daquela oriunda de julgamento de casos repetitivos, pode haver modulação dos efeitos da alteração no interesse social e no da segurança jurídica.

§ 4º A modificação de enunciado de súmula, de jurisprudência pacificada ou de tese adotada em julgamento de casos repetitivos observará a necessidade de fundamentação adequada e específica, considerando os princípios da segurança jurídica, da proteção da confiança e da isonomia.

§ 5º Os tribunais darão publicidade a seus precedentes, organizando-os por questão jurídica decidida e divulgando-os, preferencialmente, na rede mundial de computadores.

Caput. O texto estabelece algumas situações que deverão ser observadas pelos juízes e pelos tribunais.

Para logo, devemos dizer que, tirante os incisos I e II, o *caput* do art. 927, conjugado com os incisos III a V, são, a nosso ver, inconstitucionais.

Com efeito, somente nos casos de controle concentrado da constitucionalidade, realizado pelo STF, e das denominadas *súmulas vinculantes,* oriundas do mesmo tribunal, pode haver efeito vinculativo em relação aos demais órgãos do Poder judiciário. E isso somente se tornou possível por força do expressamente disposto nos arts. 102, § 2.º, e 103-A, respectivamente, da Constituição Federal. O que estamos a argumentar, portanto, é que somente a Constituição da República pode autorizar um tribunal a adotar súmula ou construção jurisprudencial vinculativa dos outros órgãos integrantes do Poder Judiciário brasileiro, ou normas de caráter genérico, abstrato, impositivas. No caso do art. 927, incisos III a V, não há *autorização constitucional* para permiti-lo *exigir observância*, por parte de juízes e tribunais, do disposto nos incisos III a V. Uma coisa é a norma infraconstitucional pretender uniformizar a jurisprudência dos tribunais, e, outra, *impor*, de modo geral e abstrato, o *acatamento* a essa jurisprudência.

Reforcemos nosso argumento com um registro histórico, extraído da própria Justiça do Trabalho. O art. 902, da CLT, facultava ao TST adotar *prejulgados* — na forma do seu regimento interno —, que, uma vez estabelecidos, *obrigavam* os Tribunais Regionais do Trabalho, as Juntas de Conciliação e Julgamento (atuais Varas do Trabalho) e os juízes de Direito investidos na jurisdição trabalhista a *acatá-los*. Tempos depois, o Procurador-Geral da República ingressou no STF com representação de *inconstitucionalidade* dos prejulgados, por entender que somente a Constituição Federal poderia impor norma de acatamento geral pelo Poder Judiciário. Embora o STF não tenha admitido a representação, por ter sido dirigida aos prejulgados, e não ao art. 902, da CLT, mandou um "recado" ao TST, dizendo que, de qualquer modo, *não reconhecia efeito obrigatório* (vinculativo, portanto) nesses prejulgados. Foi o quanto bastou para que o TST: a) não mais adotasse prejulgados; b) pela Resolução n. 1/1982 convertesse os prejulgados em súmulas. Logo a seguir, a Lei n. 7.033, de 5 de outubro de 1982, revogou o art. 902 da CLT, pondo fim, desse modo, ao longo império despótico dos malsinados prejulgados.

Como estamos a sustentar a inconstitucionalidade dos incisos III a V do art. 927, do CPC, isso significa que os juízes — inclusive os de primeiro grau de jurisdição — podem arguir, nos casos concretos, de maneira incidental (controle difuso), o contraste do precitado artigo da CPC com a Constituição da República, deixando, em consequência, de aplicá-lo.

Inciso I. *Controle de constitucionalidade.* No Brasil, o controle jurisdicional da constitucionalidade das leis e dos atos normativos do Poder Público é exercido sob as formas: a) difusa; e b) concentrada. A primeira é realizada de maneira incidental, competindo a qualquer órgão do Poder Judiciário, inclusive, de primeiro grau; a segunda é efetuada por meio de ação direta, para cuja apreciação o Supremo Tribunal Federal detém competência exclusiva (CF, art. 102, I, "a").

É no tocante às decisões proferidas pelo STF no controle *concentrado* que se refere o art. 927, I, do CPC.

Inciso II. *Súmulas vinculantes.* O adjetivo *vinculante* não está dicionarizado. O correto é: *vinculativo* ou *vinculatória*. Tais súmulas são editadas pelo STF. Estão previstas no art. 103-A, da Constituição Federal, assim redigido: "O Supremo Tribunal Federal poderá, de ofício ou por provocação, mediante decisão de dois terços de seus membros, após reiteradas decisões sobre matéria constitucional, aprovar súmula que, a partir de sua publicação na imprensa oficial, terá efeito vinculante em relação aos demais órgãos do Poder Judiciário e à administração pública direta e indireta, nas esferas federal, estadual e municipal, bem como proceder à sua revisão ou cancelamento, na forma estabelecida em lei".

O desrespeito a essas súmulas ensejará reclamação ao STF (CPC, art. 988). Dispõe a esse respeito o art. 156 do Regimento Interno do STF: "Caberá reclamação do Procurador-Geral da República, ou do interessado na causa, para preservar a competência do Tribunal ou garantir a autoridade das suas decisões".

Consta, ainda, da norma *interna corporis* do Excelso Pretório: "Art. 161. Julgando procedente a reclamação, o Plenário ou a Turma poderá: I — avocar o conhecimento do processo em que se verifique usurpação de sua competência; II — ordenar que lhe sejam remetidos, com urgência, os autos do recurso para ele interposto; III — cassar decisão exorbitante de seu julgado, ou determinar medida adequada à observância de sua jurisdição".

Inciso III. *Incidente de assunção de competência. Incidente de resolução de demandas repetitivas. Recursos extraordinário e especial repetitivos.* Os acórdãos proferidos nesses casos também devem ser acatados por juízes e tribunais, ressalvada a nossa opinião quanto à inconstitucionalidade do preceito legal *sub examen.*

O CPC disciplina esses procedimentos nos seguintes artigos:

Incidente de assunção de competência: art. 947;

Incidente de resolução de demandas repetitivas: arts. 976 a 987;

Julgamento de recursos extraordinários e especiais repetitivos: arts. 1.036 a 1.041.

Esses dispositivos legais serão examinados no momento oportuno.

Para já, contudo, devemos rememorar que o art. 332, do CPC, determina que o juiz rejeito, liminarmente, os pedidos formulados na inicial, que contrariarem: I — enunciado de súmula do Supremo Tribunal Federal ou do Superior Tribunal de Justiça; II — acórdão proferido pelo Supremo Tribunal Federal ou pelo Superior Tribunal de Justiça em julgamento de recursos repetitivos; III — entendimento firmado em incidente de resolução de demandas repetitivas ou de assunção de competência; IV — enunciado de súmula de tribunal de justiça sobre direito local.

Com vistas ao processo do trabalho, podemos incluir também o julgamento dos recursos de revista repetitivos, mencionados no art. 896-B, da CLT, que manda aplicar, no que couber, as normas do CPC que regulam o julgamento dos recursos extraordinários e especiais repetitivos, vale dizer, os arts. 1.036 a 1.041.

Inciso IV. *Súmulas do STF e do STJ.* As súmulas do STF em matéria constitucional, assim como as do STJ em matéria infraconstitucional, devem ter os respectivos enunciados acatados por juízes e tribunais, ressalvando, também neste caso, o nosso entendimento quanto à inconstitucionalidade do preceptivo em questão.

Podem ser aqui incluídas as súmulas do TST sobre matéria infraconstitucional.

Inciso V. *Plenário ou órgão especial.* As orientações adotadas pelo tribunal, seja pelo seu plenário, seja pelo órgão especial, devem ser observadas pelos magistrados que se encontrarem vinculados a esses órgãos. A norma também é inconstitucional.

Uma nótula histórica: nas edições pretéritas deste livro, ocorridas anteriormente ao advento da Lei n. 13.467/2017, escrevemos:

"Devemos, nesta altura, enfrentar uma questão correlata. A Lei n. 13.015, de 21 de julho de 2014, deu nova redação ao art. 896, § 3º, da CLT, para determinar que os Tribunais Regionais do Trabalho procedessem, em caráter obrigatório, à uniformização de sua jurisprudência. A grande polêmica que se formou, a contar da vigência dessa normal legal, foi quanto a saber se a súmula uniformizadora da jurisprudência deveria, ou não, ser acatada por todos os magistrados vinculados ao tribunal, inclusos os de primeiro grau. Quando ainda estava a viger o CPC de 1973, lançamos um opúsculo sob o título 'Comentários à Lei n. 13.015/2014', no qual sustentamos o ponto de vista de que a referida súmula não teria caráter obrigatório, fosse quanto aos magistrados do tribunal, vencidos na votação do incidente, fosse quanto aos de primeiro grau, pois a única súmula com efeito vinculativo era a adotada pelo STF, nos termos do art. 103-A, da Constituição da República. Pois bem. Entra em vigor o novo CPC, cujo art. 927, V, estabelece que os juízes e tribunais deverão observar 'a orientação do plenário ou órgão especial aos quais estiverem vinculados'. Caso se venha a entender que esse preceptivo do CPC possa, por analogia, alcançar o art. 896, § 3º, da CLT, na parte em que teria tornado obrigatório o acatamento às sumulas produzidas nos incidentes de uniformização da jurisprudência regional, a única conclusão a extrair-se é de que esse dispositivo da CLT seria inconstitucional, pelas mesmas razões que dessa eiva está comprometido o art. 927, do CPC, em seus incisos III a V".

Essas nossas observações, embora tenham perdido o interesse prático, no que se refere ao art. 896, § 3º, da CLT, mantêm atualidade quanto ao art. 927, do CPC.

§ 1º O que o parágrafo está a expressar é que o juiz, quando for decidir com fulcro no art. 927, deverá: a) estabelecer um contraditório prévio, ouvindo as partes (art. 10); b) fundamentar a sua decisão, sob pena de nulidade (CF, art. 93, IX), a que o art. 489, § 1º, do CPC, com certo eufemismo, considera "não fundamentada". Os §§ 1º a 3º do art. 489 do CPC, todavia, são incompatíveis com o processo do trabalho. As razões desse nosso entendimento se encontram lançadas nos comentários aos mencionados parágrafos.

§ 2º O CPC, no art. 926, declara que os tribunais devem não somente uniformizar a sua jurisprudência, como mantê-la "estável, íntegra e coerente". Reflexo dessa *estabilidade* é o fato de o art. 927, § 2º, no caso de alteração de tese jurídica adotada em enunciado de súmula ou em julgamento de casos repetitivos, facultar a realização de audiência prévia para que dela participem pessoas, órgãos ou entidades que possam fornecer o seu contributo para a revisão da tese. Para além da estabilidade que mencionamos, há também aí uma "democratização" do procedimento, que não ficará circunscrito aos magistrados. Esclareça-se, entrementes, que a realização da audiência prévia a que nos referimos constitui *faculdade*, e não dever, dos tribunais.

2. Uma breve opinião complementar

O art. 926 do CPC, conforme assinalamos, revela uma preocupação fundamental do legislador: a uniformização da jurisprudência e o seu acatamento pelos órgãos jurisdicionais, como providência destinada a preservar a estabilidade das relações jurídicas.

Sob essa perspectiva finalística, pode-se até reconhecer que se a intenção do legislador é, senão elogiável, ao menos justificável, pois em um Estado de Direito torna-se indispensável que as relações jurídicas estabelecidas — ou a estabelecerem-se — entre os indivíduos e as coletividades sejam marcadas pela *estabilidade*, como o que se estará propiciando segurança a todos.

Todavia, não menos necessário é reconhecer que nos sítios da Justiça do Trabalho o dinamismo da jurisprudência emana do próprio dinamismo das relações que soem ser estabelecidas entre trabalhadores e empregadores. De tal arte, eventual tentativa de impor-se a aplicação dos arts. 926 e 927, do CPC, no âmbito dessa Justiça especializada, significaria, a um só tempo: a) imaginar que o extraordinário dinamismo das relações entre trabalhadores e empregadores deixaria de existir; b) engessar a jurisprudência, impedindo a sua rápida evolução, como medida essencial ao atendimento das novas exigências que, diuturnamente, brotam do referido dinamismo.

Talvez, o art. 927, do CPC, atinja o seu objetivo no plano da Justiça Comum, pois aqui as relações jurídicas entre as pessoas são, por natureza, mais estáveis, menos sujeitas a vicissitudes e a constantes transformações.

No processo do trabalho, nem mesmo o procedimento para a revisão da jurisprudência, instituído pelo § 2º do art. 927, do CPC, seria capaz de atender ao imperativo de permanente resposta imediata às crescentes exigências da realidade prática. Esse procedimento, na prática, seria, ademais, um obstáculo à concretude do mandamento constitucional de celeridade na prestação jurisdicional

(CF, art. 5º, inc. LXXVIII), porquanto os tribunais, visando à revisão de sua jurisprudência, ver-se-iam obrigados a realizar sucessivas audiências públicas, com a participação de pessoas, órgãos ou entidades — ou até mesmo de *amicus curiae* — interessadas em contribuir para a "elucidação da matéria".

O art. 927, do CPC, em última análise, é uma roupa que não se ajusta ao corpo da Justiça do Trabalho, até porque não foi elaborado com vistas a essa Justiça especializada. Mais uma vez, a adoção de norma do CPC pelo processo do trabalho poderia constituir aquela "rolha redonda para orifício quadrado" de que nos falam as consciências mais lúcidas.

Seja como for, mantemos o nosso entendimento de que o art. 927, do CPC, em seus incisos III a V, é inconstitucional.

§ 3º Em duas situações o texto permite a modulação dos respectivos efeitos: a) na alteração da jurisprudência dominante do STF e dos tribunais superiores; b) na alteração da jurisprudência oriunda do julgamento de casos repetitivos. *Modular*, em tema jurisdicional, significa fazer com que os efeitos de uma decisão se verifiquem não a partir de quando foi publicada, mas de data posterior. Essa modulação está vinculada ao interesse social e à segurança jurídica. A figura da modulação penetrou em nosso sistema processual por meio da Lei n. 9.868/1999, cujo art. 27 dispõe: "Ao declarar a inconstitucionalidade de lei ou ato normativo, e tendo em vista razões de segurança jurídica ou de excepcional interesse social, poderá o Supremo Tribunal Federal, por maioria de dois terços de seus membros, restringir os efeitos daquela declaração ou decidir que ela só tenha eficácia a partir de seu trânsito em julgado ou de outro momento que venha a ser fixado".

§ 4º O princípio, estampado no § 2.º do art. 926, do CPC, conforme vimos, é o de que os tribunais devem não somente uniformizar a sua jurisprudência, como mantê-la "estável, íntegra e coerente". Por esse motivo, o § 4º do mesmo artigo, declara que a modificação de enunciado de súmula da jurisprudência pacificada ou de tese adotada em julgamento de casos repetitivos deverá atender à necessidade de fundamentação adequada e específica e levar em conta os princípios da segurança jurídica, da proteção da confiança e da isonomia. Realmente, a jurisprudência dos tribunais – nomeadamente, a uniformizada – desde sempre tem servido como orientação para juízes, advogados, membros do Ministério Público e jurisdicionados em geral, no que diz respeito à prática dos atos da vida profissional cotidiana. Sob esse aspecto, a jurisprudência está vinculada à necessidade de *segurança jurídica* e à proteção a ela inerente. Essa *proteção* se refere à estabilidade da jurisprudência. Essa estabilidade não é sinônimo de imutabilidade; por isso, sempre que o tribunal pretender modificar a sua jurisprudência acerca de determinado assunto, deverá atender aos requisitos indicados nos §§ 2.º a 5.º, do art. 927, do CPC.

§ 5º Aos tribunais caberá dar publicidade aos seus precedentes, organizando-os de acordo com as questões jurídicas decididas e divulgando-os, de preferência, na rede mundial de computadores. De modo geral, essa determinação da lei vem sendo observada pelos tribunais brasileiros, em especial, os do trabalho. Não é suficiente que os tribunais adotem precedentes: é indispensável que deem ampla publicidade destes aos jurisdicionados. Mais do que isso, os precedentes devem ser organizados segundo os temas a que se referem.

Art. 928. Para os fins deste Código, considera-se julgamento de casos repetitivos a decisão proferida em:

I — incidente de resolução de demandas repetitivas;

II — recursos especial e extraordinário repetitivos.

Parágrafo único. O julgamento de casos repetitivos tem por objeto questão de direito material ou processual.

Caput. O preceptivo legal declara configurarem julgamento de casos repetitivos as decisões proferidas nas situações indicadas nos seus incisos I e II.

Inciso I. No incidente de resolução de demandas repetitivas, previsto nos arts. 976 a 987;

Inciso II. Nos recursos extraordinário e especial repetitivos, regidos pelos arts. 1.036 a 1.041.

Parágrafo único. O julgamento realizado nos casos repetitivos pode versar tanto sobre direito material, quanto processual. O importante é que se trate de *quaestio iuris* e não de matéria de fato.

Seção única – Da ordem dos processos no tribunal

1. A matéria, no CPC

Art. 929. Os autos serão registrados no protocolo do tribunal no dia de sua entrada, cabendo à secretaria ordená-los, com imediata distribuição.

Parágrafo único. A critério do tribunal, os serviços de protocolo poderão ser descentralizados, mediante delegação a ofícios de justiça de primeiro grau.

Caput. Cuidava do assunto o art. 547 do CPC revogado.

O Capítulo pertinente à "Ordem dos Processos no Tribunal" contém normas de procedimento destinadas a disciplinar e a uniformizar a atividade jurisdicional dos tribunais da Justiça Comum. A essas disposições não se submete, *necessariamente*, a Justiça do Trabalho. Na verdade, o precitado Capítulo ocupa-se, muito mais, com o procedimento alusivo aos recursos, conquanto as suas disposições também incidam no tocante às causas que são da competência originária dos tribunais.

O autos do processo deverão ser registrados no protocolo do tribunal na data em que forem recebidos, significa dizer, de imediato. Esse registro é necessário para preservar a cronologia das entradas com vistas à distribuição a relator e a revisor. O registro é especialmente importante para a verificação da tempestividade do exercício de ações que são da competência originária do tribunal, ou da interposição de recursos. Cumprirá à secretaria verificar (conferir) a numeração das folhas e ordená-los para distribuição. Somente em situações verdadeiramente excepcionais, como em alguns casos de mandado de segurança, os autos poderão ser encaminhados a relator, sem prévia distribuição. O regimento interno do tribunal pode disciplinar essas situações extraordinárias.

No âmbito da Justiça do Trabalho, os regimentos internos costumam determinar que, após serem registrados e autuados pelo setor de cadastramento processual, os feitos sejam encaminhados ao Ministério Público. Somente após o retorno dos autos do Ministério Público é que será feita a distribuição.

Por força do contido no art. 929, *caput*, do CPC, a distribuição, conforme dissemos, deve ser *imediata*, após o protocolo. Uma das vantagens disso está em evitar os problemas que geralmente ocorrem no espaço de tempo que vai do protocolo à distribuição, quando a parte fica em dificuldade quanto a saber de quem é a competência, por exemplo, para apreciar pedido de liminar, formulado em ação ou em recurso.

Parágrafo único. O tribunal poderá descentralizar o serviço de protocolo, mediante delegação de atribuição a ofícios de justiça de primeiro grau. Essa descentralização visa à comodidade das partes — embora, nos dias atuais, já tenham sido postos em prática, em diversas regiões da Justiça do Trabalho, os protocolos eletrônicos.

Art. 930. Far-se-á a distribuição de acordo com o regimento interno do tribunal, observando-se a alternatividade, o sorteio eletrônico e a publicidade.

Parágrafo único. O primeiro recurso protocolado no tribunal tornará prevento o relator para eventual recurso subsequente interposto no mesmo processo ou em processo conexo.

Transcreveu-se o art. 548 do CPC revogado.

Caput. Os tribunais têm competência para elaborar os seus regimentos internos, desde que o façam com observância das normas de processo e das garantias processuais das partes (CF, art. 96, I). Justamente por isso, é que o art. 930 do CPC determina que a distribuição seja feita de acordo com a norma *interna corporis* do tribunal, atendidos os princípios da publicidade, da alternatividade e do sorteio — e sem desrespeitar a determinação legal de distribuição imediata (art. 929, *caput*), acrescentamos.

A publicidade significa que a distribuição deverá ser realizada em ato franqueado ao público; a alternatividade, que se considerará a classe dos processos; o sorteio, que a designação do relator e do revisor não será dirigida, senão que tirada à sorte.

Parágrafo único. A *prevenção*, na terminologia processual, significa que a lei atribui ao juiz ou ao órgão fracionário a competência em razão de já haver praticado algum ato nos autos ou em autos contendo matéria que se vincula aos autos anteriores em virtude de conexão (CPC, art. 55) ou de continência (CPC, art. 56).

Art. 931. Distribuídos, os autos serão imediatamente conclusos ao relator, que, em 30 (trinta) dias, depois de elaborar o voto, restituí-los-á, com relatório, à secretaria.

Ocupava-se do assunto o art. 852 do CPC revogado.

No sistema do processo civil, os autos, assim que forem distribuídos, serão submetidos, de imediato, à apreciação do relator. Este, depois de estudá-los, os restituirá à secretaria com o seu *visto*, em trinta dias. Caberá ao relator realizar uma exposição dos pontos controvertidos sobre os quais versa a causa.

Na Justiça do Trabalho, de modo geral, o procedimento que se tem estabelecido nos regimentos internos dos tribunais consiste em, registrado e autuado o feito, remetê-lo ao Ministério Público, para manifestação. A distribuição a relator e a revisor será efetuada após o retorno dos autos do Ministério Público.

Elaborado o voto, o relator — por força da praxe — o encaminha ao revisor (quando houver), que poderá anotar algumas divergências sobre os temas apreciados pelo relator, ou concordar com este. A propósito, o CPC de 2015 eliminou a figura do relator. No processo do trabalho, isso só ocorre nos recursos interpostos nas causas regidas pelo procedimento sumariíssimo (CLT, art. 895, § 1.º, II).

O prazo é de trinta dias, para que o relator elabore o voto, nem sempre poderá ser atendido na prática, levando-se em conta o enorme volume de processos distribuídos aos gabinetes e a existência de casos extremamente complexos, que impedem o atendimento à norma legal. Seja como for, havendo excesso do prazo legal, cumprirá ao relator justificar o fato, mediante despacho nos autos. Trata-se de manifestação de acatamento à lei e de respeito às partes. Via de regra, o fundamento será a "sobrecarga de serviços". A lei, para ser justa, deveria, antes de fixar o prazo de trinta dias para a restituição dos autos - contendo o voto e o relatório - à secretaria, ter feito alguma ressalva, como: "exceto em situações extraordinárias", a fim de permitir ao relator a ampliação do prazo.

Art. 932. Incumbe ao relator:

I — dirigir e ordenar o processo no tribunal, inclusive em relação à produção de prova, bem como, quando for o caso, homologar autocomposição das partes;

II — apreciar o pedido de tutela provisória nos recursos e nos processos de competência originária do tribunal;

III — não conhecer de recurso inadmissível, prejudicado ou que não tenha impugnado especificamente os fundamentos da decisão recorrida;

IV — negar provimento a recurso que for contrário a:

a) súmula do Supremo Tribunal Federal, do Superior Tribunal de Justiça ou do próprio tribunal;

b) acórdão proferido pelo Supremo Tribunal Federal ou pelo Superior Tribunal de Justiça em julgamento de recursos repetitivos;

c) entendimento firmado em incidente de resolução de demandas repetitivas ou de assunção de competência;

V — depois de facultada a apresentação de contrarrazões, dar provimento ao recurso se a decisão recorrida for contrária a:

a) súmula do Supremo Tribunal Federal, do Superior Tribunal de Justiça ou do próprio tribunal;

b) acórdão proferido pelo Supremo Tribunal Federal ou pelo Superior Tribunal de Justiça em julgamento de recursos repetitivos;

c) entendimento firmado em incidente de resolução de demandas repetitivas ou de assunção de competência;

VI — decidir o incidente de desconsideração da personalidade jurídica, quando este for instaurado originariamente perante o tribunal;

VII — determinar a intimação do Ministério Público, quando for o caso;

VIII — exercer outras atribuições estabelecidas no regimento interno do tribunal.

Parágrafo único. Antes de considerar inadmissível o recurso, o relator concederá o prazo de 5 (cinco) dias ao recorrente para que seja sanado vício ou complementada a documentação exigível.

Caput. A matéria era regida pelos arts. 557 e 558 do CPC revogado.

A norma trata da competência do relator, a que ela denomina de "incumbência".

Essa competência, via de regra, é detalhada pelos regimentos internos dos tribunais.

Inciso I. De modo geral, compete ao relator dirigir e ordenar o processo, inclusive quanto à produção de provas, e, se for o caso, homologar autocomposição das partes, em relação ao processo que lhe tenha sido distribuído. Isso significa, entre outras coisas, estudar a matéria contida nos autos, adotar providências, conceder vista dos autos, elaborar o seu voto, redigir o acórdão, etc. Quanto à autocomposição, cumpre-nos ponderar que se a petição for apresentada na sessão de julgamento, será competente para homologá-la o respectivo órgão perante o qual foi manifestada (Turma, Câmara, Grupo de Turmas, Pleno). É em relação a situações como essa que se aplica a cláusula "quando for o caso", utilizada pelo art. 932, I, do CPC, ao atribuir competência ao relator para homologar autocomposição (acordo, transação). Em matéria de dissídio coletivo, a competência para homologar o acordo é do Tribunal (CLT, art. 863).

Inciso II. Compete ao relator, também, conceder tutelas provisórias (de urgência ou da evidência: CPC, arts. 300 a 311), seja nos recursos, seja nas ações da competência originária do tribunal. Não se cuida aqui apenas de concessão liminar, mas de concessão final da tutela, pelo relator. Dessa decisão caberá agravo interno (CPC, art. 1.021, *caput*).

Inciso III. Não conhecer de recurso inadmissível, prejudicado ou que não tenha impugnado, de maneira específica, os fundamentos da decisão recorrida.

Inadmissível é o recurso incabível: por exemplo, das decisões interlocutórias, no processo do trabalho (CLT, art. 893, § 1.º); *prejudicado* é o recurso em relação ao qual, de modo geral, o recorrente perdeu o interesse processual, como quando o juízo *a quo* reconsidera a decisão monocrática que não admitiu o recurso de revista, para admiti-lo. Quanto à não impugnação específica dos fundamentos da decisão recorrida, o processo do trabalho tende a seguir a mesma orientação, do CPC, conforme revela Súmula n. 422 do TST: "RECURSO. FUNDAMENTO AUSENTE OU DEFICIENTE. NÃO CONHECIMENTO (redação alterada, com inserção dos itens I, II e III) — Res. 199/2015, DEJT divulgado em 24, 25 e 26.6.2015. Com errata publicado no DEJT divulgado em 1º.7.2015. I — Não se conhece de recurso para o Tribunal Superior do Trabalho se as razões do recorrente não impugnam os fundamentos da decisão recorrida, nos termos em que proferida. II — O entendimento referido no item anterior não se aplica em relação à motivação secundária e impertinente, consubstanciada em despacho de admissibilidade de recurso ou em decisão monocrática. III — Inaplicável a exigência do item I relativamente ao recurso ordinário da competência de Tribunal Regional do Trabalho, exceto em caso de recurso cuja motivação é inteiramente dissociada dos fundamentos da sentença".

Na verdade, o relator poderá negar admissibilidade a recursos não apenas nos casos referidos no inciso III, mas sempre que não estiver presente qualquer dos requisitos subjetivos e objetivos, como legitimidade, interesse processual, representação regular, tempestividade, adequação, preparo, etc.

Inciso IV. Será *negado* provimento a recurso contrário:

Letra "a". A súmula do Supremo Tribunal Federal, do Superior Tribunal de Justiça ou do próprio tribunal. A norma revela traços de inconstitucionalidade, pois não há autorização constitucional para que a norma atribua efeito vinculativo às súmulas simples do STF, do STJ, do próprio tribunal ou mesmo do TST.

Letra "b". Acórdão proferido pelo Supremo Tribunal Federal ou pelo Superior Tribunal de Justiça em julgamento de recurso repetitivos (CPC, arts. 1.036 a 1.041).

Letra "c". Entendimento estabelecido em incidente de resolução de demandas repetitivas ou de assunção de competência (CPC, arts. 976 a 987 e 947, respectivamente).

Inciso V. Após haver facultado o oferecimento de contrarrazões, o relator tem competência (portanto, em atuação monocrática) para *dar* provimento a recurso interposto de decisão que:

Letra "a". Afrontar súmula do Supremo Tribunal Federal, do Superior Tribunal de Justiça ou do próprio tribunal. Aqui, também, a norma manifesta laivo de inconstitucionalidade, pois não há autorização constitucional para que a norma atribua efeito vinculativo às súmulas simples do STF, do STJ, do próprio tribunal ou mesmo do TST.

Letra "b". Afrontar decisão proferida pelo Supremo Tribunal Federal ou pelo Superior Tribunal de Justiça em julgamento de casos repetitivos (CPC, arts. 976 a 987 e 1.036 a 1.041).

Letra "c". Entendimento estabelecido em incidente de resolução de demandas repetitivas ou de assunção de competência (CPC, arts. 976 a 987 e 947, respectivamente).

Inciso VI. Resolver o incidente de desconsideração da personalidade jurídica quando instaurado, originariamente, no tribunal (CPC, arts. 133 a 137).

Inciso VII. Determinar, quando for o caso, a intimação do Ministério Público (CPC, arts. 176 a 181, especialmente, o art. 178)

Inciso VIII. O relator exercerá, ainda, as demais atribuições que lhe forem cometidas pelo regimento interno do tribunal. Temos, aqui, uma espécie de autorização abstrata (cláusula aberta) para que a norma *interna corporis* do tribunal cometa ao relator outras atribuições, além das previstas no CPC. É elementar que essa norma não pode contrariar a lei.

Parágrafo único. A norma visa a impedir que um recurso não seja admitido sem que se conceda ao recorrente oportunidade para sanar o vício ou complementar a documentação exigível. Para essa finalidade, incumbe ao relator abrir o prazo de cinco dias, intimando o recorrente. O vício pode ser de diversas ordens (irregularidade de representação, falta de assinatura nas razões de recurso, etc.). Quanto à complementação da documentação, a norma só é aplicável aos documentos *exigíveis*, não incidindo, portanto, no tocante a *todo e qualquer* documento. Sob este último aspecto, deve ser observada a Súmula n. 8, do TST.

A regra do parágrafo único do art. 932, do CPC, se articula com a dos arts. 938, §§ 1.º e 4.º, e 1.007, §§ 2.º e 7.º, do mesmo Código.

Art. 933. Se o relator constatar a ocorrência de fato superveniente à decisão recorrida ou a existência de questão apreciável de ofício ainda não examinada que devam ser considerados no julgamento do recurso, intimará as partes para que se manifestem no prazo de 5 (cinco) dias.

§ 1º Se a constatação ocorrer durante a sessão de julgamento, esse será imediatamente suspenso a fim de que as partes se manifestem especificamente.

§ 2º Se a constatação se der em vista dos autos, deverá o juiz que a solicitou encaminhá-los ao relator, que tomará as providências previstas no *caput* e, em seguida, solicitará a inclusão do feito em pauta para prosseguimento do julgamento, com submissão integral da nova questão aos julgadores.

Caput. Pode ocorrer de o relator verificar a ocorrência de fato superveniente à decisão recorrida ou a existência de questão que poderia apreciar *ex officio*, ainda não examinada, que devam ser considerados para efeito do julgamento do recurso. Diante disso, intimará as partes para que se manifestem no prazo de cinco dias. Quando o texto se refere a *fato* *superveniente* ou a *questão apreciável de ofício* "que devam ser considerados no julgamento do recurso" está a afirmar que tanto o fato quanto a questão devem ser *relevantes*, assim entendidos aqueles que possam influir na formação do convencimento jurídico dos integrantes do órgão julgador e, em consequência, no julgamento da causa. Como exemplos de *fatos supervenientes* podemos referir a transação, a desistência do recurso, etc.; de *questões apreciáveis ex officio*, todas aquelas mencionadas nos incisos IV, V, VI e IX, do art. 485, do CPC, além da prescrição e da decadência, entre outras.

Relativamente às questões que devam ser apreciadas *ex officio*, algumas anotações adicionais são convenientes. Em primeiro lugar, a norma em exame não se aplica aos recursos de natureza extraordinária, como são, na Justiça Comum, o próprio recurso extraordinário (STF) e o recurso especial (STJ), e, na Justiça do Trabalho, os recursos de revista e de embargos, no TST. Sucede que, nesses casos, é necessário que as questões apreciáveis de ofício tenham sido decididas nos graus inferiores da jurisdição (Tribunais Regionais e Varas); em segundo, não é suficiente que essas questões estejam mencionadas na fundamentação da decisão impugnada pelo recurso de natureza extraordinária, e sim, que tenham sido, efetivamente, *decididas*, vale dizer, que constem da parte dispositiva da decisão impugnada.

§ 1º Na hipótese de a constatação mencionada no *caput* ocorrer *durante* a sessão de julgamento este será imediatamente suspenso para que as partes se manifestem, especificamente, sobre o ponto. Se o tribunal não fixar o prazo para que as partes se pronunciem, entende-se que será de cinco dias, em caráter sucessivo (CPC, art. 218, § 3º), observando-se o critério estabelecido no art. 775, da CLT, conjugado com o art. 219 do CPC (se este for o entendimento do tribunal). Vejam-se, a esse respeito, os nossos comentários ao art. 219 do CPC.

Note-se que o parágrafo está a aludir à *constatação* do fato superveniente dar-se durante o julgamento, e não ao *surgimento* de fato superveniente durante essa sessão. *Fato superveniente*, para os efeitos do texto legal sob comentário, é o ocorrido após a decisão impugnada e antes do julgamento do recurso, dela interposto.

§ 2º Acontecendo de a constatação dar-se por ocasião da vista dos autos, caberá ao juiz que a solicitou encaminhá-los ao relator. Este deverá adotar as providências mencionadas no *caput* e, em seguida solicitar a inclusão do feito em pauta para prosseguimento do julgamento, submetendo, de maneira integral, a nova questão aos demais julgadores.

Art. 934. Em seguida, os autos serão apresentados ao presidente, que designará dia para julgamento, ordenando, em todas as hipóteses previstas neste Livro, a publicação da pauta no órgão oficial.

A expressão legal "em seguida" não faz muito sentido, por não estar a referir-se a uma sequência lógica, se considerarmos, por exemplo, que o § 1º, do art. 933 alude ao fato de determinada constatação ocorrer "*durante a sessão de julgamento*". Sendo assim, o que se deve entender é que, vencidas todas as fases antecedentes, os autos deverão ser encaminhados ao presidente do colegiado para designar o dia do julgamento, com publicação da pauta no órgão oficial.

O objetivo da publicação, no órgão oficial, é dar ciência, com efeito de intimação, às partes e demais interessados quanto à data em que ocorrerá o julgamento (art. 272, *caput*); com vistas a isso, deve ser atendida a exigência formulada pelo art. 272, § 2º.

Art. 935. Entre a data de publicação da pauta e a da sessão de julgamento decorrerá, pelo menos, o prazo de 5 (cinco) dias, incluindo-se em nova pauta os processos que não tenham sido julgados, salvo aqueles cujo julgamento tiver sido expressamente adiado para a primeira sessão seguinte.

§ 1º Às partes será permitida vista dos autos em cartório após a publicação da pauta de julgamento.

§ 2º Afixar-se-á a pauta na entrada da sala em que se realizar a sessão de julgamento.

Caput. O prazo entre a data da publicação da pauta e a da sessão de julgamento deve ser, no mínimo, de cinco dias. O prazo será contado em dias úteis (CLT, art. 775, *caput*). Os processos que não forem julgados serão incluídos em nova pauta, exceto aqueles cujo julgamento tenha sido expressamente adiado para a primeira sessão subsequente.

§ 1º Publicada a pauta de julgamento, as partes poderão ter vista dos autos em cartório. Note-se: *em cartório* (ou secretaria) e não, mediante carga dos autos.

§ 2º A pauta deverá ser afixada na entrada da sala em que ocorrerá a sessão de julgamento, independentemente da publicação no órgão oficial. Podemos afirmar que, de modo geral, o escopo dessa formalidade é dúplice: a) é permitir que as pessoas que se encontram nas dependências do tribunal, e que estejam interessadas em assistir ao julgamento, possam comparecer à sala em que se realizará a correspondente sessão; b) ensejar a que os próprios advogados das partes, que não tenham lido a publicação da pauta de julgamento, no órgão oficial, e que se encontrem, casualmente, no tribunal, possam acompanhar a sessão, e realizar, inclusive, sustentação oral, desde que o regimento interno da corte permita a inscrição, para esse fim, até pouco antes do julgamento.

A despeito da redação imperativa do § 2º do art. 935, entendemos que, no processo do trabalho, a falta de afixação da pauta na entrada da sala em que se realizará a sessão de julgamento não acarretará a nulidade deste, contanto que tenha sido publicada no órgão oficial com a antecedência mínima de cinco dias da data do julgamento (art. 935, *caput*).

Art. 936. Ressalvadas as preferências legais e regimentais, os recursos, a remessa necessária e os processos de competência originária serão julgados na seguinte ordem:

I — aqueles nos quais houver sustentação oral, observada a ordem dos requerimentos;

II — os requerimentos de preferência apresentados até o início da sessão de julgamento;

III — aqueles cujo julgamento tenha iniciado em sessão anterior; e

IV — os demais casos.

Caput. A norma estabelece a ordem de julgamento dos feitos na sessão do tribunal. Atendidas as preferências legais e regimentais, os recursos, a remessa necessária e os processos de competência originária, o julgamento obedecerá à seguinte ordem:

Inciso I. Os processos nos quais houver sustentação oral, observada a ordem dos requerimentos. Na prática, muitos advogados costumam inscrever-se para a sustentação oral, mas, no momento em que são convidados pelo presidente da sessão para sustentá-las da tribuna, acabam desistindo da faculdade. Não raro, procedimentos como o narrado constituem estratégias destinadas a fazer com que os processos de que esses advogados participam sejam julgados com precedência em relação àqueles nos quais não haverá sustentação oral, nem ostentam a preferência legal. Por outro lado, nada obsta a que, mediante acordo entre si, e com a anuência dos demais inscritos, a ordem de sustentação seja alterada para atender a uma necessidade premente de determinados advogados.

Inciso II. Os requerimentos de *preferência* apresentados até o início da sessão de julgamento. Tratando-se de preferências legais ou regimentais, em rigor, não há necessidade de o advogado *requerê-las,* pois essas devem ser determinadas, *ex officio,* pelo presidente da turma, da seção, do pleno, etc. Omitindo-se, o presidente da sessão, em anunciar os processos que possuem preferência legal, para efeito de ordem dos julgamentos, o advogado interessado poderá fazer uso da tribuna, suscitando *questão de ordem* destinada a alertar o presidente a respeito dessa falha.

Inciso III. Os feitos cujo julgamento tenha iniciado na sessão anterior. Algumas vezes, o julgamento da causa originária ou do recurso não pode ser concluído no mesmo dia, por motivos diversos (adiantado da hora, pedido de vista fora da sessão, problemas com o sistema eletrônico, etc.). Em tais situações, na sessão seguinte esses processos terão preferência, quanto aos demais, pois o julgamento deverá ser concluído.

Inciso IV. Os demais casos. Entre estes, podemos citar, por exemplo, quando um dos juízes (especialmente, sendo o relator) tiver de ausentar-se, em caráter definitivo, da sessão em que estão ocorrendo os julgamentos.

Art. 937. Na sessão de julgamento, depois da exposição da causa pelo relator, o presidente dará a palavra, sucessivamente, ao recorrente, ao recorrido e, nos casos de sua intervenção, ao membro do Ministério Público, pelo prazo improrrogável de 15 (quinze) minutos para cada um, a fim de sustentarem suas razões, nas seguintes hipóteses, nos termos da parte final do *caput* do art. 1.021:

I — no recurso de apelação;

II — no recurso ordinário;

III — no recurso especial;

IV — no recurso extraordinário;

V — nos embargos de divergência;

VI — na ação rescisória, no mandado de segurança e na reclamação;

VII – (VETADO);

VIII — no agravo de instrumento interposto contra decisões interlocutórias que versem sobre tutelas provisórias de urgência ou da evidência;

IX — em outras hipóteses previstas em lei ou no regimento interno do tribunal.

§ 1º A sustentação oral no incidente de resolução de demandas repetitivas observará o disposto no art. 984, no que couber.

§ 2º O procurador que desejar proferir sustentação oral poderá requerer, até o início da sessão, que o processo seja julgado em primeiro lugar, sem prejuízo das preferências legais.

§ 3º Nos processos de competência originária previstos no inciso VI, caberá sustentação oral no agravo interno interposto contra decisão de relator que o extinga.

§ 4º É permitido ao advogado com domicílio profissional em cidade diversa daquela onde está sediado o tribunal realizar sustentação oral por meio de videoconferência ou outro recurso tecnológico de transmissão de sons e imagens em tempo real, desde que o requeira até o dia anterior ao da sessão.

Caput. Há correspondência com o art. 857 do CPC revogado.

A norma estabelece o procedimento a ser observado na sessão de julgamento. Devemos reiterar a observação de que a Justiça do Trabalho não está obrigada a acatar todas as disposições do CPC atinentes à "Ordem dos Processos no Tribunal", estabelecida pelo art. 937, do CPC.

Inicialmente, caberá ao relator fazer uma exposição da causa. Em seguida, o presidente da sessão dará a palavra, sucessivamente, ao recorrente e ao recorrido, pelo prazo de quinze minutos a cada um, para a sustentação oral. Concederá a palavra, também, ao membro do Ministério Público, pelo mesmo prazo, nos casos em que deva intervir. Não haverá sustentação oral no julgamento de embargos de declaração, de agravo de instrumento ou de agravo interno.

O texto legal em exame afirma que o presidente da sessão dará a palavra ao recorrente e ao recorrido (prazo sucessivo), depois de efetuada a *exposição* da causa pelo relator. O art. 7º, IX, da Lei n. 8.906/94 (Estatuto da OAB), todavia, assegura ao advogado o direito de "sustentar oralmente as razões de qualquer recurso ou processo, nas sessões de julgamento, **após o voto do relator** (...)". Destacamos. Esse dispositivo da Lei n. 8.906/94 foi declarado inconstitucional pelo STF, no julgamento da ADIn 1105-7 (DJU de 26.5.2006), cujo acórdão recebeu a seguinte ementa: "Ação direta de inconstitucionalidade. Art. 7º, IX, da Lei n. 8.906, de 4 de julho de 1994. Estatuto da Advocacia e da Ordem dos Advogados do Brasil. Sustentação oral pelo advogado, após o voto do Relator. Impossibilidade. Ação direta julgada procedente. I — A sustentação oral pelo advogado, após o voto do Relator, afronta o devido processo legal, além de poder causar tumulto processual, uma vez que o contraditório se estabelece entre as partes. II — Ação direta de inconstitucionalidade julgada procedente para declarar a inconstitucionalidade do art. 7º, IX, da Lei n. 8.906, de 4 de julho de 1994". Relator originário, Min. Marco Aurélio; relator do acórdão, Min. Ricardo Lewandowski.

Veja-se este excerto da fundamentação do acórdão: "Aos tribunais compete elaborar seus regimentos internos, e neles dispor acerca do seu funcionamento e da ordem de seus serviços. Essa atribuição constitucional decorre de sua independência em relação aos Poderes Legislativo e Executivo. Esse poder, já exercido sob a CF/1891, tornou-se expresso na CF/1934, e desde então vem sendo reafirmado, a despeito dos sucessivos distúrbios constitucionais. A Constituição subtraiu do legislador a competência para dispor sobre a economia dos tribunais e a estes a imputou, em caráter exclusivo. Em relação à economia interna dos tribunais a lei é o seu regimento. Na taxinomia das normas jurídicas o regimento interno dos tribunais se equipara à lei. A prevalência de uma ou de outro depende da matéria regulada, pois são normas de igual categoria. Em matéria processual prevalece a lei, no que tange ao funcionamento dos tribunais o regimento interno prepondera".

Discordamos, *data venia,* desse entendimento do STF, seja porque a competência para legislar sobre direito processual é privativa da União (CF, art. 22, I), seja porque os tribunais devem elaborar o seu regimento interno "com observância das normas de processo e das garantias processuais das partes" (CF, art. 96, I, "a").

O art. 937, do CPC, em seu inciso IX prevê a sustentação oral "em outras hipóteses previstas em lei ou no regimento interno dos tribunais". O que os regimentos internos não podem fazer é *reduzir* os casos em que é, legalmente, admitida a sustentação oral, pois conforme acabamos de assinalar, a Constituição Federal exige que as normas *interna corporis* dos tribunais sejam elaboradas mediante observância das normas de processo e das garantias processuais das partes (art. 96, I, "a").

Incisos I a IX. Indicam os casos nos quais poderá haver sustentação oral. O inciso VII foi vetado. A sua redação era a seguinte: "no agravo interno originário de recurso de apelação, de recurso ordinário, de recurso especial ou de recurso extraordinário". Foram estas as razões do veto: "A previsão de sustentação oral para todos os casos de agravo interno resultaria em perda da celeridade processual, princípio norteador do novo Código, provocando ainda sobrecarga nos Tribunais".

§ 1º No caso do incidente de resolução de demandas repetitivas, a sustentação oral observará, no que for cabível, o disposto no § 1º do art. 984, que prevê a possibilidade de o tempo destinado à sustentação oral ser ampliado, levando em conta o número de inscritos.

§ 2º Respeitadas as preferências legais, o advogado, inscrito para sustentação oral, pode requerer preferência para o julgamento. Em regra, os regimentos internos dos tribunais possuem disposições acerca do prazo para a inscrição dos advogados que desejarem efetuar sustentação oral. Essa inscrição — embora contestada por alguns — é necessária para ordenarem-se os trabalhos da sessão, lembrando-se que a concessão da palavra ao advogado obedecerá a ordem de inscrição para sustentação. Nada obsta, todavia, a que os advogados, mediante ajuste feito momentos antes do pregão para o julgamento, alterem, entre si, essa ordem, comunicando, mesmo oralmente, o fato ao secretário ou ao presidente da sessão.

O Regimento Interno do STF dispõe no art. 124, parágrafo único: "Os advogados ocuparão a tribuna para formularem requerimentos, produzirem sustentação oral, ou responderem às perguntas que lhes forem feitas pelos Ministros".

A norma *interna corporis* do TST, por sua vez, estabelece: "Art. 156. Nas sessões de julgamento do Tribunal, os advogados, no momento em que houverem de intervir, terão acesso à tribuna. Parágrafo único. Na sustentação oral, ou para dirigir-se ao colegiado, vestirão beca, que lhes será posta à disposição".

Outras disposições do Regimento Interno do TST sobre a matéria:

Art. 157. Os pedidos de preferência para os julgamentos de processos na sessão presencial deverão ser formulados pelos advogados até a hora prevista para o seu início e serão concedidos com observância da ordem de registro.

§ 1º O pregão do processo em preferência vincula-se à presença, na sala de sessões, do advogado que a requereu ou de outro advogado constituído.

§ 2º Em qualquer sessão, ainda que em prosseguimento ou não sendo o caso de sustentação oral, mas desde que munido de procuração, o advogado que acompanhar o julgamento de seu processo poderá requerer o registro de sua presença em ata.

Art. 158. Os requerimentos de preferência formulados por um mesmo advogado ou por advogados integrantes de uma mesma sociedade, nos termos do art. 272, § 1º, do CPC, em relação a mais de 3 (três) processos, poderá ser deferido de forma alternada, considerados os pedidos formulados pelos demais advogados.

Art. 159. Os pedidos de adiamento de julgamento, se dirigidos à Presidência no início da sessão, somente serão admitidos se devidamente justificados, com a concordância do relator e da parte contrária, se presente.

Art. 160. O advogado sem mandato nos autos, ou que não o apresentar no ato, não poderá proferir sustentação oral.

Art. 161. Ressalvado o disposto no art. 147, § 11, deste Regimento, a sustentação oral será feita de uma só vez, ainda que arguida matéria preliminar ou prejudicial.

§ 1º Ao proferir seu voto, o relator fará um resumo da matéria em discussão e antecipará sua conclusão, hipótese em que poderá ocorrer a desistência da sustentação, ante a antecipação do resultado. Havendo, porém, qualquer voto divergente daquele anunciado pelo relator, o Presidente voltará a facultar a palavra ao advogado desistente. Não desistindo os advogados da sustentação, o Presidente concederá a palavra a cada um dos representantes das partes, por 10 (dez) minutos, sucessivamente.

§ 2º Usará da palavra, em primeiro lugar, o advogado do recorrente; se ambas as partes o forem, o do reclamante.

§ 3º Aos litisconsortes representados por mais de um advogado, o tempo lhes será proporcionalmente distribuído, podendo haver prorrogação até o máximo de 20 (vinte) minutos, ante a relevância da matéria.

§ 4º Quando for parte o Ministério Público, seu representante poderá proferir sustentação oral após as demais partes, sendo-lhe concedido prazo igual.

§ 5º Não haverá sustentação oral em:

I – embargos de declaração;

II – conflito de competência;

III – agravo de instrumento;

IV – agravos internos previstos neste Regimento, salvo se interpostos contra decisão do relator que extinga a ação rescisória, o mandado de segurança e a reclamação ou que denegue seguimento ao recurso de revista que não demonstrar transcendência;

V – arguição de suspeição ou de impedimento;

VI – tutelas provisórias;

VII – incidentes de desconsideração da personalidade jurídica.

§ 6º O Presidente do órgão julgador cassará a palavra do advogado que, em sustentação oral, conduzir-se de maneira desrespeitosa ou, por qualquer motivo, inadequada.

§ 3º Na ação rescisória, no mandado de segurança e na reclamação também caberá sustentação oral no agravo interno interposto contra a decisão do relator que tenha extinto o respectivo processo.

§ 4º Incorporando os avanços tecnológicos, e para atender à comodidade do advogado, a norma permite que este, desde que tenha domicílio profissional em localidade diversa daquela em que está sediado o tribunal, realize sustentação oral por meio de vídeo conferência ou de outro recurso tecnológico de transmissão de sons e imagens em tempo real. Para isso, o advogado deverá formular requerimento até o dia anterior ao da sessão.

Art. 938. A questão preliminar suscitada no julgamento será decidida antes do mérito, deste não se conhecendo caso seja incompatível com a decisão.

§ 1º Constatada a ocorrência de vício sanável, inclusive aquele que possa ser conhecido de ofício, o relator determinará a realização ou a renovação do ato processual, no próprio tribunal ou em primeiro grau de jurisdição, intimadas as partes.

§ 2º Cumprida a diligência de que trata o § 1º, o relator, sempre que possível, prosseguirá no julgamento do recurso.

§ 3º Reconhecida a necessidade de produção de prova, o relator converterá o julgamento em diligência, que se realizará no tribunal ou em primeiro grau de jurisdição, decidindo-se o recurso após a conclusão da instrução.

§ 4º Quando não determinadas pelo relator, as providências indicadas nos §§ 1º e 3º poderão ser determinadas pelo órgão competente para julgamento do recurso.

Caput. O tema era tratado pelo art. 560 do CPC revogado.

Havendo questões preliminares, estas — por um princípio de ordem lógica — deverão ser solucionadas antes de ingressar-se no exame do mérito. Há situações, contudo, em que o acolhimento de uma preliminar (ilegitimidade de parte, ausência de interesse processual, etc.) acarreta a extinção do processo, sem que haja resolução do mérito. Mesmo que o acolhimento da preliminar não implique a extinção do processo, não se examinará o mérito se a decisão sobre a preliminar for incompatível com este. Digamos que a preliminar se refira à coisa julgada material (CPC, art. 337, VII); acolhida que seja, não se procederá ao exame do mérito cuja matéria tenha sido alcançada pela *res iudicata.*

§ 1º Tratando-se de vício sanável, inclusive aquele que o relator possa conhecer *ex officio,* este determinará o suprimento da falta ou a renovação do ato processual, no próprio tribunal, ou em primeiro grau, devendo ser intimadas as partes.

O tema é extremamente controvertido no plano da doutrina e da jurisprudência, não apenas diante da dificuldade que se tem encontrado em definir o que seja nulidade sanável e o que seja nulidade insanável, mas em razão das próprias consequências processuais do ato do relator no caso de nulidade sanável (ou suprível).

Imaginemos, por exemplo, que o relator perceba que não foram formuladas propostas conciliatórias pelo juízo de primeiro grau, fato alegado pelo recorrente. Não se trata aqui de nulidade sanável (no âmbito do segundo grau, esclareça-se), pois o relator não poderia, simplesmente, converter o julgamento em diligência e determinar o retorno provisório dos autos ao juízo *a quo,* a fim de que este formulasse as mencionadas propostas — sendo mantidos os demais atos processuais, inclusive a sentença recorrida; na verdade, o relator teria que pronunciar a nulidade do processo, a partir do momento em que não se fez a primeira proposta (ou, talvez, da parte na ausência da segunda) fazendo com que os autos retornassem ao juízo de primeiro grau para regular prosseguimento, vale dizer, para instrução oral ou para proferimento de nova sentença, conforme fosse o caso.

Se a nulidade sanável ocorrer no próprio tribunal, a situação será de mais fácil solução. Digamos que o relator não concedeu vista a uma das partes de documento superveniente à sentença recorrida juntado pela outra: alertado a esse respeito, cumpriria ao relator, mesmo na sessão, converter o julgamento em diligência, para que a falta fosse suprida, eliminando-se, por essa forma, virtual nulidade do processo.

Entre outros vícios sanáveis por determinação do relator mencionamos a guia comprobatória do pagamento de custas ou da realização do depósito quando apresentada em fotocópia; ou a procuração outorgada ao advogado e juntada aos autos por fotocópia não autenticada.

§ 2º Diz, a norma em exame, que cumprida a diligência prosseguirá o julgamento do recurso, caso não haja nenhuma outra providência a ser adotada. Não só do recurso, mas, quando for o caso, do feito de competência originária do tribunal, como é, entre outros, a ação rescisória.

§ 3º Havendo necessidade de produção de prova, o relator converterá o julgamento em diligência, a ser realizada no tribunal ou em primeiro grau de jurisdição. O recurso somente será decidido após ser concluída a instrução. Assim, também, os feitos da competência originária do tribunal.

§ 4º Se o relator não determinar a realização das providências mencionadas nos §§ 1º e 3º, estas poderão ser ordenadas pelo órgão competente para o julgamento do recurso, vale dizer, pelo colegiado (Turma, Câmara, Grupo de Turmas, Pleno, etc.).

Art. 939. Se a preliminar for rejeitada ou se a apreciação do mérito for com ela compatível, seguir-se-ão a discussão e o julgamento da matéria principal, sobre a qual deverão se pronunciar os juízes vencidos na preliminar.

Reproduziu-se o teor do art. 561 do CPC revogado.

Ocorrendo a rejeição da preliminar, e desde que seja com ela compatível a apreciação do mérito, passar-se-á à discussão e ao julgamento da matéria principal. Os juízes vencidos quanto à preliminar deverão proferir voto do julgamento do mérito.

Duas observações: a) afirma, a norma, que rejeitada a preliminar seguir-se-á a discussão e o julgamento do mérito; nem sempre, todavia, haverá *discussão* a esse respeito, pois o tema pode ser de entendimento unânime pelos juízes integrantes do colegiado; assim, passar-se-á de imediato ao julgamento, mediante a coleta dos votos; b) muitas vezes, um ou mais juízes ficam vencidos no julgamento da preliminar; mesmo assim, têm o dever de proferir voto no julgamento do mérito, ainda que se sintam algo constrangidos, intelectualmente, de fazê-lo. Esses juízes, por exemplo, poderiam ter ficado vencidos na preliminar de incompetência, mas, a despeito disso, teriam de se pronunciar sobre o mérito.

Art. 940. O relator ou outro juiz que não se considerar habilitado a proferir imediatamente seu voto poderá solicitar vista pelo prazo máximo de 10 (dez) dias, após o qual o recurso será reincluído em pauta para julgamento na sessão seguinte à data da devolução.

§ 1º Se os autos não forem devolvidos tempestivamente ou se não for solicitada pelo juiz prorrogação de prazo de no máximo mais 10 (dez) dias, o presidente do órgão fracionário os requisitará para julgamento do recurso na sessão ordinária subsequente, com publicação da pauta em que for incluído.

§ 2º Quando requisitar os autos na forma do § 1º, se aquele que fez o pedido de vista ainda não se sentir habilitado a votar, o presidente convocará substituto para proferir voto, na forma estabelecida no regimento interno do tribunal.

Caput. Há correspondência com o art. 555, §§ 2º e 3º, do CPC revogado.

O art. 555, § 2º, do CPC de 1973, dispunha que se qualquer juiz não se sentisse habilitado a proferir seu voto poderia pedir vista do processo. O CPC atual inclui, para efeito de pedido de vista, o próprio *relator*. Em primeiro lugar, devemos dizer que a vista é *dos autos*, e não do processo — método estatal de solução de conflitos de interesses, cujo conceito é imaterial; em segundo lugar, causa-nos certa estranheza o fato de o *próprio relator* solicitar vista dos autos, por não se sentir habilitado a votar. Ora, o relator teve os autos em seu gabinete pelo prazo regimental, exatamente, para que examinasse a matéria do recurso ou da ação. Em todo o caso, o relator deverá ser extremamente comedido no exercício da faculdade de solicitar, na sessão, vista dos autos, pois isso poderá parecer aos olhos de todos que ele negligenciou no exame dos autos, quando estes estiveram em seu gabinete.

Reconhecemos, no entanto, que a atitude do relator, consistente em solicitar vista dos autos (em mesa ou no gabinete), será justificável em determinados casos excepcionais, como quando um dos advogados suscitar da tribuna fato superveniente ao proferimento da sentença, que possa influir no julgamento do recurso.

A vista será concedida pelo prazo máximo de dez dias.

A observar-se que a vista pode ser em mesa (ou seja, na própria sessão) ou no gabinete. Somente no último caso é que o julgamento prosseguirá em outra sessão. Alguns juízes costumam requerer "vista regimental", referindo-se àquela que se realiza no seu gabinete; a expressão, embora consagrada, é incorreta, pois a vista em mesa, na própria sessão, *também é prevista regimentalmente*. Logo, o apropriado seria aludir-se à vista *em mesa*, ou *no gabinete*. Ambas, de modo geral, são regimentais.

Após a vista, os autos devem ser reincluídos na sessão subsequente à data do seu recebimento. Lamentavelmente, contudo, esse mandamento legal nem sempre é respeitado, havendo casos em que os autos somente retornam à sessão, para julgamento, muitos meses depois, sem que haja justificado motivo legal para esse retardamento.

§ 1º Se os autos não retornarem à sessão subsequente, nem for solicitada, pelo juiz *vistor* a prorrogação do prazo, por mais dez dias, no máximo, o presidente do colegiado deverá requisitá-los para julgamento na sessão ordinária seguinte, com publicação em pauta.

Também aqui alguns esclarecimentos são necessários. Ao comentarmos o *caput* deste artigo, encontramos oportunidade para dizer que nem sempre o juiz *vistor* respeita a imposição legal de que os autos sejam incluídos na sessão subsequente à data em que foram recebidos. Diante disso, incumbirá ao presidente do colegiado — caso o *vistor* não tenha solicitado dilação do prazo — requisitar os autos, incluindo-os em pauta de julgamento para a sessão ordinária subsequente. Muitas vezes, todavia, o presidente do órgão fracionário deixa de requisitar os autos, contribuindo, com sua incúria, para o retardamento acentuado do julgamento do recurso ou da ação. Se o *vistor* devolver os autos no prazo legal estes serão incluídos na sessão seguinte, independentemente de publicação em pauta; caso, porém, haja requisição dos autos, pelo presidente do colegiado, haverá necessidade de serem inseridos em pauta a ser publicada.

§ 2º Requisitados os autos, na forma do § 1º, pode ocorrer de o juiz que havia solicitado vista ainda não se sentir habilitado a proferir o seu voto. Isso ocorrendo, o presidente da sessão convocará substituto para proferir voto, conforme estabelecido no regimento interno.

Art. 941. Proferidos os votos, o presidente anunciará o resultado do julgamento, designando para redigir o acórdão o relator ou, se vencido este, o autor do primeiro voto vencedor.

§ 1º O voto poderá ser alterado até o momento da proclamação do resultado pelo presidente, salvo aquele já proferido por juiz afastado ou substituído.

§ 2º No julgamento de apelação ou de agravo de instrumento, a decisão será tomada, no órgão colegiado, pelo voto de 3 (três) juízes.

§ 3º O voto vencido será necessariamente declarado e considerado parte integrante do acórdão para todos os fins legais, inclusive de pré-questionamento.

Comentário

Caput. A matéria constava dos arts. 555 e 556 do CPC revogado.

Proferidos os votos, o presidente da sessão proclamará o resultado do julgamento. Em princípio, o acórdão será lavrado pelo relator; se este ficar vencido, será lavrado pelo primeiro juiz que liderou a corrente vencedora — em relação à matéria principal, acrescentamos. Os fundamentos do acórdão, enfim, serão os fundamentos do voto vencedor.

§ 1º Muitas vezes, durante a sessão, um dos juízes, levando em consideração os argumentos expendidos por um de seus pares que votou posteriormente, deseja alterar o seu voto; essa possibilidade lhe é deferida até o momento da proclamação do resultado do julgamento pelo presidente da sessão. Proclamado o resultado, os votos se tornam inalteráveis. É evidente que o voto não poderá ser modificado quando proferido por juiz afastado ou substituído.

§ 2º No âmbito dos órgãos fracionários da Justiça do Trabalho, ordinariamente, a decisão é tomada pelo voto de três juízes, independentemente da matéria, da espécie de recurso ou de ação. No caso de apelação, deverá ser observado o disposto no art. 942, que comentaremos logo adiante.

§ 3º O voto vencido deverá ser declarado e considerado integrante do acórdão para todos os efeitos legais, inclusive, de pré-questionamento. Na Justiça do Trabalho os regimentos internos dos tribunais costumam *facultar* ao juiz a *juntada* do seu voto vencido; de qualquer sorte, o acórdão deverá *mencionar*, sempre, os votos vencidos. É de extrema importância a regra inserta no parágrafo *sub examen*, pois as razões consubstanciadas no voto vencido podem ser de grande utilidade no caso de julgamento do recurso que vier a ser interposto da decisão em que ficou vencido um dos juízes. As experiências a magistratura nos demonstraram que nem sempre os votos vencedores possuíam melhor qualidade jurídica do que o vencido, fato que nos levou a afirmar, em tom crítico, que para efeito da decisão nos tribunais não se levava em conta a qualidade dos argumentos expendidos, e sim, a simples quantidade de votos convergentes.

Deve ser revista a Súmula n. 320, do STJ, assim enunciada "A questão federal somente ventilada no voto vencido não atende ao requisito do prequestionamento".

Art. 942. Quando o resultado da apelação for não unânime, o julgamento terá prosseguimento em sessão a ser designada com a presença de outros julgadores, que serão convocados nos termos previamente definidos no regimento interno, em número suficiente para garantir a possibilidade de inversão do resultado inicial, assegurado às partes e a eventuais terceiros o direito de sustentar oralmente suas razões perante os novos julgadores.

§ 1º Sendo possível, o prosseguimento do julgamento dar-se-á na mesma sessão, colhendo-se os votos de outros julgadores que porventura componham o órgão colegiado.

§ 2º Os julgadores que já tiverem votado poderão rever seus votos por ocasião do prosseguimento do julgamento.

§ 3º A técnica de julgamento prevista neste artigo aplica-se, igualmente, ao julgamento não unânime proferido em:

I — ação rescisória, quando o resultado for a rescisão da sentença, devendo, nesse caso, seu prosseguimento ocorrer em órgão de maior composição previsto no regimento interno;

II — agravo de instrumento, quando houver reforma da decisão que julgar parcialmente o mérito.

§ 4º Não se aplica o disposto neste artigo ao julgamento:

I — do incidente de assunção de competência e ao de resolução de demandas repetitivas;

II — da remessa necessária;

III — não unânime proferido, nos tribunais, pelo plenário ou pela corte especial.

Caput. A nova técnica de julgamento, introduzida pelo art. 942, se destinou, a um só tempo: a) prestigiar o voto vencido; b) agilizar o processo, mediante a eliminação dos embargos infringentes. O procedimento foi inspirado no dos embargos infringentes, previstos nos arts. 530 a 534, do CPC de 1973, e eliminados do sistema do CPC de 2015.

Sem ainda nos manifestarmos sobre opinião a incidência ou não, dessa norma legal no plano do processo do trabalho, devemos expor de que maneira as coisas se passarão, doravante, no julgamento do recurso de apelação, da ação rescisória e do agravo de instrumento. Dediquemos atenção especial à apelação.

Não sendo unânime o resultado do julgamento da apelação, ele prosseguirá em nova sessão a ser designada. A essa sessão deverão comparecer outros julgadores — convocados na forma do regimento interno — em número suficiente para garantir a possibilidade de ser invertido o resultado inicial. Isso não significa, pois, que o resultado será invertido. As partes e os terceiros terão direito a sustentar oralmente as suas razões, diante dos novos julgadores.

Exemplifiquemos: no julgamento da apelação, o resultado (não proclamado) foi de 2 votos pelo provimento contra um pelo não provimento. Diante disso, caberá ao presidente do órgão que realizou o julgamento convocar dois outros juízes, para participarem da mesma sessão ou da sessão a ser designada. Se esses dois juízes votarem com o juiz que havia ficado vencido, teremos a inversão do resultado do julgamento, que passará a ser de 3 votos pelo não provimento e de dois pelo provimento. A proclamação do resultado deverá, portanto, algo ser isto: "Por três votos contra dois, a Câmara deu provimento ao recurso". Se os dois juízes convocados dividirem os seus votos, ou seja, somando-se, um, aos dois anteriores, e outro, ao voto solitário, teremos o provimento da apelação por três votos contra dois.

§ 1º Para evitar os problemas decorrentes da designação de nova sessão, a norma sugere que, sendo possível, a continuidade do julgamento ocorra na mesma sessão em que foi iniciado, procedendo-se à coleta dos votos dos de outros juízes que, porventura, integrem o colegiado Se o órgão judicante for composto somente por três juízes, isso significa que os votos a serem colhidos, na continuidade do julgamento, não serão de outros juízes que componham a mesma turma, e sim, que integram outro órgão fracionário do tribunal.

§ 2º De modo geral, proclamado o resultado do julgamento, os juízes não podem mais modificar os seus votos. Desta maneira, não tendo havido essa proclamação, os juízes poderão rever os seus votos quando da continuidade do julgamento. Na verdade, entendemos que a referida revisão possa ocorrer ainda na primeira sessão, desde que não tenha sido proclamado o resultado do julgamento. Essa possibilidade poderia fazer, até mesmo, que o juiz reformulasse o seu voto vencido, para somá-lo aos outros dois, por forma a fazer com que o julgamento fosse por unanimidade de votos, dispensando-se, com isso, a adoção do procedimento embaraçante traçado pelo *caput* do art. 942.

§ 3º A técnica de julgamento prevista no *caput* do art. 942 não se restringe ao recurso de apelação, podendo ser aplicada, também, nos casos mencionados nos incisos I e II.

Inciso I. Na ação rescisória, quando o resultado obtido na (primeira) sessão de julgamento for a rescisão da decisão rescindenda. Nesta hipótese, todavia, a continuidade do julgamento não se dará no órgão que o iniciou, e sim, em órgão de maior composição previsto no regimento interno.

Inciso II. No agravo de instrumento, quando houver reforma da decisão que acolher parcialmente o mérito.

§ 4º Estão excluídos da técnica de julgamento estabelecida no *caput* do art. 942 os casos especificados nos incisos I a III.

Inciso I. Os incidentes de assunção de competência e de resolução de demandas repetitivas.

Inciso II. A remessa necessária (*ex officio*);

Inciso III. O julgamento não unânime proferido pelo plenário ou pela corte especial dos tribunais.

É chegado o momento de nos pronunciarmos sobre a aplicação, ou não, ao processo do trabalho, do procedimento traçado pelo art. 942 do CPC.

Não é aplicável. Argumentemos.

Como dissemos no comentário ao *caput* da norma legal precitada, uma das razões pelas quais o art. 942 foi inserido no CPC consistiu, de certa forma, em fazê-lo ocupar o espaço que até então era reservado aos tradicionais embargos infringentes; contudo, no processo do trabalho os embargos infringentes somente são cabíveis das decisões não unânimes previstas na letra "a" do inciso I do art. 894 da CLT, vale dizer, que conciliarem, julgarem ou homologarem conciliação em *dissídios coletivos*. Os embargos infringentes não são admissíveis nos dissídios individuais. Aqui, portanto, nunca houve a preocupação em prestigiar o voto vencido.

O procedimento estabelecido pelo art. 942 do CPC também é incompatível com o processo do trabalho por ser embaraçante e, desse modo, retardar a proclamação do resultado do julgamento, notadamente, em tema de recursos ordinários, que são os mais frequentes. Basta ver que se a decisão não for unânime haverá necessidade de ser designada nova sessão, na qual terá continuidade o julgamento. Além disso, não cremos que os Tribunais do Trabalho possuam juízes disponíveis, em número suficiente, para participar da nova sessão de julgamento. Ainda que a continuidade do julgamento venha a ocorrer na mesma sessão, como cogita o § 1º do art. 942, nem por isso se poderia afirmar que haveria número suficiente de juízes para serem convocados, de modo a "garantir a possibilidade de inversão do resultado inicial".

Ademais, os recursos ordinários trabalhistas, como é notório, soem conter diversos pedidos. Sendo assim, como ficaria, por exemplo, se o órgão judicante desse provimento ao recurso, por unanimidade de votos, em relação a alguns desses pedidos, mas, em relação a outros, o julgamento não alcançasse a unanimidade? Deveriam ser convocados novos juízes para participarem apenas dos julgamentos não unânimes? Nem ignoremos a possibilidade, nesta hipótese, de os julgamentos unânimes acabarem conflitando com os novos julgamentos.

Enfim, seja por uma razão ou por outra, estamos serenamente convencidos de que a doutrina e a jurisprudência trabalhista bem andariam se rechaçassem a incidência do art. 942 do CPC no processo do trabalho.

Art. 943. Os votos, os acórdãos e os demais atos processuais podem ser registrados em documento eletrônico inviolável e assinados eletronicamente, na forma da lei, devendo ser impressos para juntada aos autos do processo quando este não for eletrônico.

§ 1º Todo acórdão conterá ementa.

§ 2º Lavrado o acórdão, sua ementa será publicada no órgão oficial no prazo de 10 (dez) dias.

Comentário

Caput. O texto dispõe sobre o registro de atos processuais em documento eletrônico inviolável e assinado eletronicamente, na forma da lei. Esses documentos devem ser impressos para serem juntados aos autos do processo que não forem eletrônicos.

§ 1º Repetindo regra que constava do CPC revogado, o parágrafo *sub examen* determina que todo acórdão contenha ementa. Na Justiça do Trabalho, por força da tradição, os acórdãos têm sido ementados. Na ordem processual, a ementa é o resumo de que faz da principal ou das principais matérias decididas no recurso. Não há exigência de que as sentenças possuam ementas.

§ 2º A ementa deverá ser publicada no órgão oficial dentro do prazo de dez dias da lavratura do acórdão. Note-se que a exigência legal de publicação no sobredito prazo não é quanto ao acórdão e sim, à ementa.

Art. 944. Não publicado o acórdão no prazo de 30 (trinta) dias, contado da data da sessão de julgamento, as notas taquigráficas o substituirão, para todos os fins legais, independentemente de revisão.

Parágrafo único. No caso do *caput*, o presidente do tribunal lavrará, de imediato, as conclusões e a ementa e mandará publicar o acórdão.

Caput. Se o acórdão não for publicado dentro de trinta dias, contados da data da sessão de julgamento, será substituído, para todos os efeitos legais, pelas correspondentes notas taquigráficas — ou pela transcrição da votação ocorrida na sessão e registrada em fita magnética —, independentemente de revisão.

Parágrafo único. Não sendo publicado o acórdão no prazo estabelecido no *caput*, cumprirá ao presidente do tribunal lavrar, de imediato, as conclusões e a ementa e mandar publicar o acórdão. Na prática, haverá uma natural pressão para que o acórdão seja publicado no prazo legal; caso contrário, incumbirá ao presidente do tribunal adotar as providência previstas na lei.

Pergunta-se: eventuais embargos de declaração deverão ser dirigidos às notas taquigráficas, uma vez que não há acórdão? *Nessum dorma* ("Que ninguém durma"), até ser encontrada a solução, como diria a princesa *Turandot*, na ópera de Puccini.

Art. 945. (Revogado pela Lei n. 13.256/2016).

Comentário

Constava da norma revogada:

"A critério do órgão julgador, o julgamento dos recursos e dos processos de competência originária que não admitem sustentação oral poderá realizar-se por meio eletrônico.

§ 1º O relator cientificará as partes, pelo Diário da Justiça, de que o julgamento se fará por meio eletrônico.

§ 2º Qualquer das partes poderá, no prazo de 5 (cinco) dias, apresentar memoriais ou discordância do julgamento por meio eletrônico.

§ 3º A discordância não necessita de motivação, sendo apta a determinar o julgamento em sessão presencial.

§ 4º Caso surja alguma divergência entre os integrantes do órgão julgador durante o julgamento eletrônico, este ficará imediatamente suspenso, devendo a causa ser apreciada em sessão presencial".

Art. 946. O agravo de instrumento será julgado antes da apelação interposta no mesmo processo.

Parágrafo único. Se ambos os recursos de que trata o *caput* houverem de ser julgados na mesma sessão, terá precedência o agravo de instrumento.

Caput. Havendo, no mesmo processo, apelação e agravo de instrumento, este deverá ser julgado antes daquela.

Parágrafo único. Se, por qualquer motivo, ambos os recursos deverem ser julgados na mesma sessão, a precedência continuará sendo do agravo de instrumento. Isso é o que ocorre no processo do trabalho, em cujo sistema o agravo de instrumento tem como finalidade exclusiva impugnar decisão monocrática denegatória da admissibilidade de recurso. Estabelece, a propósito do tema, o art. 897, § 7º, da CLT: "Provido o agravo (de instrumento), a Turma deliberará sobre o julgamento do recurso principal, observando-se, se for o caso, daí em diante, o procedimento relativo a esse recurso".

|Capítulo II|

DO INCIDENTE DE ASSUNÇÃO DE COMPETÊNCIA

1. A matéria, no CPC

Art. 947. É admissível a assunção de competência quando o julgamento de recurso, de remessa necessária ou de processo de competência originária envolver relevante questão de direito, com grande repercussão social, sem repetição em múltiplos processos.

§ 1º Ocorrendo a hipótese de assunção de competência, o relator proporá, de ofício ou a requerimento da parte, do Ministério Público ou da Defensoria Pública, que seja o recurso, a remessa necessária ou o processo de competência originária julgado pelo órgão colegiado que o regimento indicar.

§ 2º O órgão colegiado julgará o recurso, a remessa necessária ou o processo de competência originária se reconhecer interesse público na assunção de competência.

§ 3º O acórdão proferido em assunção de competência vinculará todos os juízes e órgãos fracionários, exceto se houver revisão de tese.

§ 4º Aplica-se o disposto neste artigo quando ocorrer relevante questão de direito a respeito da qual seja conveniente a prevenção ou a composição de divergência entre câmaras ou turmas do tribunal.

Caput. Será possível instaurar o incidente de assunção de competência quando estiverem presentes os requisitos estampados no *caput* do art. 947, a saber: a) tratar-se de recurso (art. 994), de remessa necessária (art. 496) ou de processo de competência originária (art. 966, etc.); b) que esses casos envolvam relevante questão de direito; c) que essa questão apresente grande repercussão social; d) sem necessidade de repetição em múltiplos processos.

Ao contrário do que sustentam alguns estudiosos, não vemos necessidade que o tema seja *controvertido* no tribunal para que se instaure o incidente de assunção de competência. O que o determina é relevante questão de direito, com grande repercussão social. Nem há necessidade de que essa questão esteja sendo — ou tenha sido — repetida em diversos outros processos. Basta um único caso. A divergência só é exigida no caso do § 4º do mesmo artigo, a cujo exame nos dedicaremos no momento oportuno.

§ 1º Atendidos os pressupostos de que falamos no comentário ao *caput*, o relator proporá, por sua iniciativa ou a requerimento da parte, do Ministério

Público ou da Defensoria Pública, que o processo (recurso, remessa necessária, causa de competência originária) seja julgado pelo órgão colegiado indicado no regimento interno.

§ 2º O órgão colegiado, mencionado no parágrafo anterior, procederá ao julgamento do recurso, da remessa necessária ou do processo de competência originária somente se reconhecer o interesse público na assunção de competência. Caso contrário, deixará de realizar o julgamento, devolvendo os autos ao órgão anterior. Há, pois, um juízo prévio de admissibilidade do incidente, que consiste em verificar a presença, ou não, do interesse público na assunção da competência.

§ 3º O acórdão emitido nos casos de assunção de competência terá efeito vinculativo de todos os juízes e órgãos fracionários, salvo se houver revisão de tese. A norma, a nosso ver, é inconstitucional, pois somente a Constituição da República pode autorizar a lei a atribuir a um tribunal a competência para editar súmulas ou adotar decisão, abstrata e genérica, com efeito vinculante de"todos os juízes e órgãos fracionários". Tanto isso é certo, que o STF somente pôde passar a adotar súmulas vinculativas por expressa autorização do art. 103-A, da Constituição Federal. Consultem-se, a esse respeito, os comentários que expendemos no exame do art. 927, do CPC.

§ 4º O incidente de assunção de competência também será instaurado quando existir relevante questão de direito acerca da qual seja conveniente prevenir ou compor divergência entre Câmaras ou Turmas do Tribunal. Os pressupostos, aqui, portanto, são: a) a existência de relevante questão de direito; b) a conveniência de prevenção ou composição de divergência entre câmaras ou turmas do tribunal a respeito dessa questão. Esses pressupostos, conforme se verifica, não coincidem, em sua integralidade, com os previstos no *caput* do mesmo artigo.

Parece-nos aconselhável que a jurisprudência fixe o entendimento quanto a serem aplicáveis ao incidente de assunção de competência as normas dos arts. 983 e 984, que se ocupam do incidente de resolução de demandas repetitivas, pois as disposições do art. 947 nos parecem insatisfatórias, sob o aspecto do procedimento.

Capítulo III

DO CONFLITO DE COMPETÊNCIA

1. A matéria, no CPC

Art. 951. O conflito de competência pode ser suscitado por qualquer das partes, pelo Ministério Público ou pelo juiz.

Parágrafo único. O Ministério Público somente será ouvido nos conflitos de competência relativos aos processos previstos no art. 178, mas terá qualidade de parte nos conflitos que suscitar.

Caput. Reproduziu-se a regra do art. 116 do CPC revogado.

Topologicamente, a matéria está mal localizada no CPC. Seu lugar apropriado era no Livro I, Título III, onde deveria constituir o Capitulo VII.

Declara o art. 803, da CLT, que os conflitos de competência ("jurisdição", diz essa norma legal) podem ocorrer entre:

a) Varas do Trabalho e Juízes de Direito investidos na administração da Justiça do Trabalho;

b) Tribunais Regionais do Trabalho;

c) Juízos e Tribunais do Trabalho e órgãos da Justiça Ordinária.

A configuração desse conflito se dá, nos termos do art. 804, da CLT, quando:

a) ambas as autoridades se consideram competentes;

b) ambas as autoridades se consideram incompetentes.

Embora o atual CPC não contenha disposições didáticas como as do art. 804 da CLT, é indiscutível que também no sistema do processo civil os conflitos de competência podem ser de natureza positiva ou negativa.

Conflito positivo. Verifica-se no caso da letra "a", retro: dois ou mais juízes se consideram dotados de competência para apreciar a causa, sem que nenhum deles renuncie à sua convicção.

Conflito negativo. Dá-se quando dois ou mais juízes se consideram desprovidos de competência para apreciar a ação. É a mais frequente das modalidades de conflito de competência.

Reunião ou separação de autos. Embora alguns autores costumem indicar a reunião ou a separação de autos como uma terceira modalidade de conflito de competência, em verdade esse suposto *tertius genus* nada mais é do que consequência natural dos conflitos positivo e negativo de competência. Realmente, quando um dos juízes determina a separação dos autos, por entender não possuir competência para julgar a causa, e remete um desses autos a outro juízo, que também se declara incompetente, o que temos é um conflito negativo de competência. Quando, ao contrário, um dos juízes solicita a outro que lhe remeta determinados autos, por entender ser o competente para apreciar a causa, e o juiz a quem se requereu a remessa dos autos, por sua vez, também se considera competente, o resultado disso será um conflito positivo de competência.

Deste modo, verifica-se que a reunião ou a separação de autos de processo não constitui categoria autônoma de conflito de competência, senão de decorrência natural — efeito reflexo — dos conflitos negativo ou positivo de competência, estes sim, modalidades com vida própria.

De que maneira, efetivamente, se caracteriza, no plano da realidade prática, o conflito de competência? Cogitemos, por primeiro, do conflito negativo, que, como dissemos, é o de ocorrência mais frequente, máxime, no processo do trabalho. Um dos juízes, por sua iniciativa ou a requerimento de qualquer das partes, se declara incompetente para solucionar a causa; diante disso, determina a remessa dos autos ao juízo que reputa ser o competente. Até este momento, não há conflito de competência. Se o juízo para o qual os autos foram encaminhados admitir a sua competência, também não se configurará o conflito de que estamos a tratar; caso, porém, o referido juízo se declare incompetente, estará caracterizado o conflito. Portanto, para que surja o conflito (negativo, no caso), é indispensável a ocorrência de dois fatos: a) que um juízo se declare incompetente e ordene o envio dos autos ao que considerar competente; b) que o juízo para o qual os autos foram remetidos, por sua vez, não reconheça a competência que lhe foi atribuída.

No conflito positivo, o que se passa é que os autos estão tramitando em determinado juízo, sendo que um outro juízo solicita que os autos lhe sejam encaminhados, por entender estar dotado de competência para apreciar a causa. Se o juízo no qual o processo tramita atender a essa solicitação, inexistirá, por óbvio, conflito de competência; se, entretanto, o mencionado juízo recusar-se a enviar os autos ao solicitante, o conflito aflorará, pois um e outro se consideram competentes para solucionar a mesma lide.

Não poderíamos encerrar este item sem lançar um comentário crítico, ainda que breve, sobre algumas situações que se tem verificado na prática, quais sejam: a) o juízo para o qual os autos foram encaminhados (por entender-se que seria o competente), deixar de suscitar o conflito negativo, no caso de não reconhecer essa competência; b) o juízo ao qual um outro, considerado competente, solicitou a remessa dos autos, deixar de suscitar o conflito positivo de competência. Em ambos os casos, a consequência poderá ser altamente prejudicial para uma ou para todas as partes, que acabarão por perder longo tempo à espera de que um dos juízos resolva instaurar o conflito. A solução consistirá no suscitamento do conflito pela parte (CLT, art. 805; CPC, art. 951), quando for o caso.

2. Legitimidade

Segundo o art. 805, da CLT, possuem legitimidade para suscitar o conflito de competência, seja este positivo ou negativo: a) os juízes e Tribunais do Trabalho; b) o procurador-geral e os procuradores regionais da Justiça do Trabalho; c) a parte interessada ou o seu representante. O processo civil atribui essa legitimidade: a) a qualquer das partes; b) ao juiz; c) ao Ministério Público (art. 953), ou seja, há coincidência entre os sistemas do processo civil e o do trabalho, no que respeita à legitimidade para suscitar conflito de competência.

Parágrafo único. O Ministério Público somente será ouvido nos conflitos de competência referentes aos processos mencionados no art. 178, ou seja que envolvam: a) interesse público ou social; b) interesse de incapaz; c) litígios coletivos pela posse de terra rural ou urbana. Essa manifestação pode resumir-se à alegação de que o *Parquet* não tem interesse em pronunciar-se, talvez, por não estar presente nenhuma das situações previstas no art. 178. O Ministério Público terá a qualidade de parte nos conflitos de competência por ele suscitados.

Art. 952. Não pode suscitar conflito a parte que, no processo, arguiu incompetência relativa.

Parágrafo único. O conflito de competência não obsta, porém, a que a parte que não o arguiu suscite a incompetência.

Caput. Transcreveu-se o art. 117 do CPC revogado.

No sistema do atual CPC, a incompetência, seja absoluta ou relativa, deve ser alegada como preliminar da contestação (arts. 64 e 337, II). No processo do trabalho, todavia, a incompetência *relativa* deve seguir sendo objeto de *exceção*, pois a CLT não é omissa sobre o assunto (arts. 799 a 802).

Estará impedida de suscitar o conflito a parte que, no mesmo processo, haja oferecido exceção de incompetência, ou seja, em razão do lugar (CLT, art. 806). A razão é de boa lógica, pois, neste caso, a parte (ré), diante da incompetência do órgão jurisdicional, preferiu discutir a matéria em sede de exceção.

Parágrafo único. Por outro lado — e dentro da mesma linha de raciocínio lógico — o fato de, por exemplo, o autor haver suscitado o conflito de competência não impede o réu de fazer uso da exceção de incompetência. Uma observação relevante: na situação em exame, o réu somente poderá apresentar exceção de incompetência na pendência do conflito de competência suscitado pelo autor, pelo juiz ou pelo Ministério Público. Se o conflito já havia sido julgado, estará preclusa a possibilidade de o réu oferecer a mencionada exceção.

Art. 953. O conflito será suscitado ao tribunal:

I — pelo juiz, por ofício;

II — pela parte e pelo Ministério Público, por petição.

Parágrafo único. O ofício e a petição serão instruídos com os documentos necessários à prova do conflito.

Caput. Repetiu-se a regra do art. 118 do CPC revogado.

A norma dispõe sobre a *forma* de suscitação do conflito de competência.

Inciso I. O juiz o suscitará mediante ofício. Uma nótula esclarecedora: no processo do trabalho, o juiz mandará extrair dos autos as provas do conflito e, com sua informação, remeterá os autos assim formados, o mais breve possível, ao presidente do tribunal competente (CLT, art. 809, I). O envio dos autos será acompanhado de ofício do juízo suscitante.

Inciso II. A parte e o Ministério Público o suscitarão por meio de petição. Conforme consta do parágrafo único do art. 951 do CPC, o Ministério Público será sempre ouvido nos conflitos de competência; todavia, terá a qualidade formal de parte nos conflitos que suscitar. A suscitação do conflito, pelo *Parquet*, deve ser por meio de petição, com observância dos requisitos legais. Embora de rara ocorrência, há possibilidade de o conflito de competência ser suscitado pelo próprio autor, como quando o órgão da Justiça Comum se declara incompetente em razão da matéria (com o que as partes concordam) e determina a remessa dos autos à Vara do Trabalho que não possui competência em razão do lugar (*ratione loci*). Nesta hipótese, como essa Vara não foi escolhida pelo autor, este poderá suscitar o conflito de competência, a fim de que os autos sejam remetidos ao juízo competente, em razão do lugar. Note-se que a norma legal em exame não afirma que o conflito — deixando-se de lado o Ministério Público — somente poderá ser suscitado pelo réu; a legitimidade que o texo legal concede é *às partes*, ou seja, ao autor ou ao réu.

Parágrafo único. Tanto o ofício quanto a petição deverão ser instruídos com os documentos necessários à comprovação do conflito. Esses documentos são as decisões, monocráticas ou colegiadas, pelos quais os juízos em antagonismo se declararam competentes ou incompetentes para apreciar a causa. O art. 787, da CLT, aliás, exige, de modo geral, que a petição inicial seja instruída com os documentos em que se fundar. Assim, também, o art. 320 do CPC.

Os conflitos de competência entre:

a) Varas do Trabalho vinculadas ao mesmo Tribunal, serão por este decididos: CLT, art. 678, I, "c", 3;

b) Juízos de direito investidos na jurisdição trabalhista, pelo Tribunal Regional do Trabalho: CLT, art. 678, I, "c", 3;

c) Varas do Trabalho e juízo de direito investido na jurisdição trabalhista, pelo Tribunal Regional do Trabalho: CLT, art. 678, I, "c", 3. A Súmula n. 180, do STJ, é no mesmo sentido: "Na lide trabalhista, compete ao Tribunal Regional do Trabalho dirimir conflito de competência verificado, na respectiva região, entre Juiz Estadual e Junta de Conciliação e Julgamento". Essas Juntas passaram a denominar-se Varas, em virtude da EC n. 24/99. Todavia, a Lei n. 7.701, de 21.12.1988, no art. 3º, II, "b", que é posterior à CLT, cria um enigma ao dispor que a SDI do TST possui competência para dirimir os conflitos de competência "que envolvem Juízes de Direito investidos na jurisdição trabalhista e Juntas de Conciliação e Julgamento".

d) Varas do Trabalho vinculadas a Tribunais do Trabalho diversos, pelo Tribunal Superior do Trabalho". Consta da Súmula n. 236, do STJ.: "Não compete ao Tribunal Superior de Justiça dirimir conflitos de competência entre juízos trabalhistas vinculados a Tribunais Regionais do Trabalho diversos";

e) Vara do Trabalho e juízo de direito vinculados a tribunais diversos, pelo Superior Tribunal de Justiça: CF, art. 105, I, "d".

f) Vara do Trabalho e Vara Estadual, sem que esta se encontre investida na jurisdição trabalhista, pelo Superior Tribunal de Justiça: CF, art. 105, I, "d";

g) Turmas do mesmo Tribunal Regional, por este: CLT, art. 678, I, "c", 3;

h) Tribunais Regionais do Trabalho, em processos de dissídios individuais, pelo Tribunal Superior do Trabalho (SDI): Lei n. 7.701, de 21.12.1988, art. 3º, II, "b". Todavia, essa competência deve ser do Superior Tribunal de Justiça, por força do disposto no art. 105, I, "d", da Constituição Federal, que atribui competência ao STJ para julgar os conflitos de competência *entre quaisquer tribunais*. A Lei n. 7.701/1988 revela-se inconstitucional, neste particular.

i) Tribunais Regionais do Trabalho em processos de dissídio coletivo, pelo Tribunal Superior do Trabalho (SDC): Lei n. 7.701, de 21.12.1988, art. 2º, I, "e". Essa competência é do STJ, pelas razões expostas na letra anterior ("h"). Também aqui transparece a inconstitucionalidade da Lei n. 7.701/1988.

Art. 954. Após a distribuição, o relator determinará a oitiva dos juízes em conflito ou, se um deles for suscitante, apenas do suscitado.

Parágrafo único. No prazo designado pelo relator, incumbirá ao juiz ou aos juízes prestar as informações.

Caput. Efetuada a distribuição, o relator ouvirá os juízos em conflito, no prazo que lhes assinar; esse prazo poderá ser comum ou sucessivo. Se um deles for o suscitante será ouvido, apenas, o suscitado.

Não é muito diverso o procedimento característico do processo do trabalho como demonstra o inciso II do art. 809 da CLT: o relator poderá ordenar, de imediato, aos juízos envolvidos em conflito positivo, que suspendam a tramitação do processo principal, e solicitar, ao mesmo tempo, informações que considere importantes ou convenientes. Em seguida, será ouvido o Ministério Público, após o que o relator submeterá o feito a julgamento na primeira sessão (*ibidem*).

Parágrafo único. No prazo assinado pelo relator, os juízos exporão as razões jurídicas pelas quais entendem ser competentes ou incompetentes para julgar a causa. O silêncio de um dos juízos não trará consequências processuais diretas, pois, em regra, esses conflitos envolvem exclusivamente matéria de direito, embora essa omissão possa ser considerada como falta funcional. Cabe, aqui, uma ponderação: se o juízo suscitado, ao remeter os autos ao suscitante, houver manifestado as razões de seu convencimento, não há necessidade de ele prestar informações ao relator, desde que estas componham os autos do conflito (CLT, art. 809, I).

> Art. 955. O relator poderá, de ofício ou a requerimento de qualquer das partes, determinar, quando o conflito for positivo, o sobrestamento do processo e, nesse caso, bem como no de conflito negativo, designará um dos juízes para resolver, em caráter provisório, as medidas urgentes.
>
> Parágrafo único. O relator poderá julgar de plano o conflito de competência quando sua decisão se fundar em:
>
> I — súmula do Supremo Tribunal Federal, do Superior Tribunal de Justiça ou do próprio tribunal;
>
> II — tese firmada em julgamento de casos repetitivos ou em incidente de assunção de competência

Caput. Reproduziu-se a regra do art. 120 do CPC revogado.

Se o conflito de competência for *positivo*, o relator, por sua iniciativa ou a requerimento de qualquer das partes, poderá determinar o sobrestamento do processo. Tanto nesse caso quanto no de conflito *negativo*, ele deverá designar um juiz para resolver, em caráter provisório, as medidas urgentes (concessão de liminares, por exemplo). Esse juiz estará, por assim dizer, dotado de *competência circunstancial* (e provisória), embora a sua decisão não venha, necessariamente, a ser afetada pela resolução do conflito de competência. A CLT contém regra semelhante (art. 809, II).

Parágrafo único. O relator poderá julgar, desde logo, o conflito de competência quando sua decisão se fundar em uma das situações previstas nos incisos I e II.

Inciso I. Súmula do STF, do STJ ou do próprio tribunal.

Inciso II. Tese firmada em julgamento de casos repetitivos ou em incidente de assunção de competência.

> Art. 956. Decorrido o prazo designado pelo relator, será ouvido o Ministério Público, no prazo de 5 (cinco) dias, ainda que as informações não tenham sido prestadas, e, em seguida, o conflito irá a julgamento.

Regra idêntica a do art. 121 do CPC revogado.

Exaurido o prazo, tendo sido prestadas, ou não, as informações pelo juízo suscitado, ou por ambos, o Ministério Público será ouvido em cinco dias. Conquanto possa aparentar preciosismo, entendemos que a audiência do Ministério Público será necessária mesmo no caso de o conflito de competência haver sido por ele suscitado. O parecer deverá ser exarado por procurador diverso daquele que assinou a petição inicial. Posteriormente a isso, o relator levará o conflito à sessão de julgamento.

Art. 957. Ao decidir o conflito, o tribunal declarará qual o juízo competente, pronunciando-se também sobre a validade dos atos do juízo incompetente.

Parágrafo único. Os autos do processo em que se manifestou o conflito serão remetidos ao juiz declarado competente

Caput. Transcreveu-se o art. 122 do CPC revogado.

No julgamento do conflito, caberá ao tribunal: a) declarar qual seja o juízo competente. Embora a decisão, de modo geral, indique como competente o suscitante ou o suscitado, nada impede que, levando-se em conta as particularidades do caso concreto, o tribunal indique como juízo competente um terceiro; b) manifestar-se sobre a validade, ou não, dos atos praticados pelo juízo incompetente. Convém rememorar que, por força do disposto no art. 64, § 4º, do CPC, salvo decisão judicial em sentido contrário, os efeitos da decisão proferida pelo juízo incompetente serão preservados até que outra seja proferida, se for o caso, pelo juízo competente.

Dirimido o conflito, a decisão deverá ser imediatamente comunicada aos juízes envolvidos (CLT, art. 809, III).

Parágrafo único. Os autos do processo em que o conflito de competência foi suscitado serão remetidos ao juízo declarado competente, no qual terá prosseguimento a causa principal (CLT, art. 809, III).

Art. 958. No conflito em que envolva órgãos fracionários dos tribunais, desembargadores e juízes em exercício no tribunal, observar-se-á o que dispuser o regimento interno do tribunal.

Com algumas nuanças, a matéria era regida pelo art. 123 do CPC revogado.

Havendo conflito entre órgãos fracionários dos tribunais (câmaras, turmas, grupo de turmas etc.), desembargadores e juízes em exercício no tribunal, deverão ser observadas as disposições do regimento interno do Tribunal.

Art. 959. O regimento interno do tribunal regulará o processo e o julgamento do conflito de atribuições entre autoridade judiciária e autoridade administrativa.

Transcreveu-se o art. 124 do CPC revogado.

Sob a perspectiva técnica só se pode cogitar de conflito de competência quando este ocorre entre órgãos da jurisdição. Havendo antagonismo entre órgão jurisdicional e administrativo, ou entre órgãos administrativos, o que se tem é um *conflito de atribuições*, cujo processo e julgamento deverão ser regulados pelos regimentos internos dos tribunais.

Capítulo IV

Do incidente de arguição de inconstitucionalidade

1. Escorço histórico

Embora seja possível identificar-se no *Instrument of Government* inglês (que se opunha à tendência expansionista de Jaime I) e na doutrina de *Coke* a origem moderna da ideação de atribuir-se ao Poder Judiciário competência privativa para exercer o controle da constitucionalidade, não há negar que já ao tempo das Ordenações reinóis portuguesas essa competência judiciária se encontrava prevista, ainda que de maneira algo embrionária.

Com efeito, os textos legais do período revelam a preocupação do legislador lusitano em exaltar a supremacia das Ordenações em face dos editos municipais, sempre que houvesse, ou pudesse haver, colisão destes com aquela. Verificado esse antagonismo, competia ao Corregedor declarar a nulidade da norma inferior (municipal), que era, por isso mesmo, considerada írrita, nenhuma.

Mencionemos, como exemplo, o que dispunham as Ordenações Filipinas, no Livro I, Título 58, n. 17: "Informar-se-á *ex officio*, se há nas Câmaras algumas posturas municipais prejudiciais ao povo e ao bem comum, posto que sejão feitas com a solenidade devida, e nos escreverá sôbre elas com seu parecer. E achando que não forão feitas, guardada a forma de nossas Ordenações, as declarará por nulas e mandará que se não guardem" (mantivemos a grafia original).

Essa disposição das Ordenações Filipinas, a propósito, motivou o Prof. Alfredo Buzaid (*Da ação direta de declaração de inconstitucionalidade no direito brasileiro*. São Paulo: Saraiva, 1958. p. 20) a destacar duas ideias expressivas, que foram intuídas pelo legislador português da época: a) a existência de uma ordem hierárquica de normas legais, de sorte que a inferior deveria submeter-se à autoridade (ou preeminência) da superior; b) a atribuição de competência a um órgão judiciário para declarar a nulidade de lei que fosse incompatível com as Ordenações.

Em outras legislações priscas também se podia verificar, com maior ou menor intensidade, a presença do princípio segundo o qual à norma que estivesse colocada no ápice da pirâmide legal deveriam sujeitar-se as demais, sob pena de serem declaradas nulas: tal era o primado da hierarquização das normas legais, consagrado naqueles tempos e que foi legado aos tempos modernos.

Mal se havia iniciado o século XIX, contudo, quando advém um fato de extraordinária importância para a consolidação do princípio da supremacia da lei apical, superior, relativamente à secundárias. Referimo-nos ao famoso caso entre *Marbury* e *Madison,* que foi decidido pela Suprema Corte norte-americana em 1803, sendo oportuno ressaltar, como registro histórico, que esse tribunal foi criado em 1792.

Esse caso originou-se do seguinte fato: o Presidente Adams nomeou Marbury para o cargo de Juiz de Paz no Distrito de Colúmbia. Quando Jefferson, o novo Presidente, assumiu, aquela designação de Marbury, embora estivesse assinada, não se encontrava formalmente efetivada. Ciente disso, Jefferson determinou a Madison, Secretário de Estado, que sustasse a nomeação. Inconformado com a medida, Marbury requereu à Suprema Corte uma ordem para que Madison o nomeasse. O pedido de Marbury calcou-se na Secção 13, da Lei Judiciária de 1789, conforme a qual aquele tribunal estaria autorizado a conceder mandado de segurança a pessoas que ocupassem cargo sob a jurisdição dos Estados Unidos. O juiz Marshall, contudo, argumentou que a Constituição havia fixado especialmente a jurisdição original da Suprema Corte, na qual não se incluía o poder de expedir ordem (*mandamus*) àqueles que ocupassem cargos federais, advertindo, ainda, que o Congresso não tinha poderes para modificar essa jurisdição. Disto decorre a sua conclusão de que o objetivo do Congresso em conceder, por meio da Lei Judiciária de 1789, poder à Corte para expedir mandado de segurança contra os ocupantes de cargos da administração pública federal, parecia não estar amparado pela Constituição. Em razão disso, parte da mencionada Lei foi declarada nula, consagrando-se, assim, o pensamento de Marshall no sentido de que o Judiciário poderia declarar a inconstitucionalidade de atos oriundos do Congresso. Em certo trecho de seu notável e histórico voto, disse *Marshall*: "(...) a fraseologia particular da Constituição dos Estados Unidos confirma e corrobora o princípio essencial a todas as Constituições escritas, segundo o qual é nula qualquer lei incompatível com a Constituição; e que os Tribunais, bem como os demais departamentos, são vinculados por esse instrumento" (*The constitutional decisons of John Marshall.* v. 1. New York: Da Capo Press. 1971. p. 43).

Como bem ressaltou, mais tarde, Hamilton (*O federalista.* LXXVIII, Rio de Janeiro: Nacional de Direito, 1959. p. 131/134), nenhum ato legislativo contrário à Constituição pode prosperar, motivo por que os tribunais foram criados como uma espécie de corpo intermediário entre o povo e a legislatura, com a finalidade, dentre outras coisas, de manter esta última dentro dos limites atribuídos à sua autoridade. Nesse contexto, surge a interpretação como uma peculiar incumbência dos tribunais, concluindo que "Deverá ser preferida a Constituição à lei ordinária, a intenção do povo à intenção de seus mandatários. Esta conclusão não supõe, de modo algum, a superioridade do poder judicial sobre o legislativo. Somente significa que o poder do povo é superior a ambos e que, onde a vontade da legislatura, declarada em suas leis, se acha em oposição à do povo, declarada na constituição, os Juízes deverão ser governados pela última, de preferência às primeiras".

Cumpre-nos observar que embora a Constituição dos Estados Unidos da América do Norte não atribuísse, de maneira expressa, à Suprema Corte, competência para exercer a vigilância da constitucionalidade das leis, aquela Corte a chamou para si em decorrência da incontestável necessidade de ser mantida a suprema da Carta Magna e de ser estabelecido um efetivo equilíbrio político entre os poderes da União e dos Estados-membros, fixando cada qual no campo das atribuições que lhes eram próprias.

O controle jurisdicional da constitucionalidade, nos Estados Unidos, constitui, portanto, típico produto da jurisprudência. Willoughby (*Constitution law*. I, § 1º, p. 2), reconhece, aliás, que esse controle *is a produt of American jurispudence, and peculiar to it*.

Marcelo Caetano (*Direito constitucional*. v. I. Rio de Janeiro: Forense, 1977. p. 117) acrescenta que a histórica decisão da Suprema Corte norte-americana (John Marshall à frente) trouxe uma ideia nova, desconhecida na Inglaterra: "a de que a Constituição limita os poderes dos órgãos da soberania".

No Brasil, somente após a proclamação da República é que a doutrina de Marshall foi incorporada ao nosso ordenamento legal.

Registre-se que, no período colonial, o órgão de cúpula de nosso Judiciário era a Casa de Suplicação (criada pelo Alvará de 10 de maio de 1808), cuja jurisdição era abrangente de todos os Tribunais das Capitanias.

Não se pode negar, entretanto, que mesmo antes da República houvesse, entre nós, uma preocupação de colocar em prática algum tipo de controle da constitucionalidade, como patenteia o Projeto de 1823, cujo art. 226 dispunha: "Todas as leis existentes, contrárias à letra e ao espírito da presente Constituição, são de nenhum vigor".

Nada obstante, essa preocupação não se materializou da Constituição de 1826. Ao que nos parece, todavia, a omissão desse texto constitucional foi, apenas, quanto ao controle da constitucionalidade pelo Poder Judiciário, pois o art. 15, inciso IX, declarava ser da competência da Assembleia Geral "*Velar pela guarda da Constituição*, e promover o bem geral da Nação" (realçamos).

2. A matéria nas Constituições brasileiras

Antes de passarmos ao exame da disciplina do controle da constitucionalidade no texto das Constituições de nosso País, devemos dizer que o Decreto n. 848, de 1890, que dispôs sobre a organização da Justiça Federal, atribuiu competência ao Supremo Tribunal Federal para apreciar, em grau de recurso, as sentenças definitivas dos tribunais e juízes dos Estados, "quando a validade de uma lei ou ato de qualquer Estado seja posta em questão como contrária à Constituição, aos tratados e leis federais e a decisão tenha sido em favor da validade da lei ou ato".

2.1. A Constituição de 1891

Promulgada a 24 de fevereiro de 1891, a primeira Constituição republicana de nosso País estabelecia, em seu art. 59, § 1º, letra "b", integrante da Seção III (Do Poder Judiciário), Título I (Da Organização Federal), *litteris*:

§ 1º Das sentenças das justiças dos Estados em última instancia haverá recurso para o Supremo Tribunal Federal:

a) quando se questionar sobre a validade ou aplicação de tratado e leis federaes, e a decisão do tribunal do Estado fôr contra ella;

b) quando se contestar a validade de leis ou de actos dos governos dos Estados em face da Constituição, ou das leis federaes, e a decisão do tribunal do Estado considerar válidos esses actos, ou essas leis impugnadas.

Em rigor, as situações mencionadas nesse dispositivo constitucional eram pressupostos para a interposição de recurso extraordinário, não se relacionando, portanto, com o controle da constitucionalidade. Em todo o caso, não se pode deixar de ressaltar o impacto positivo que acarretou em nosso meio jurídico a atribuição, pela primeira Constituição republicana, de competência ao Poder Judiciário para negar a aplicação de leis contrastantes com a Suprema Carta Política.

2.2. A Lei n. 221/1894

Poucos meses antes de a Constituição de 1891 completar quatro anos de vigência, é editada a Lei n. 221, de 20 de novembro de 1894, que veio para complementar a organização judiciária federal. O art. 13, § 10, dessa norma legal estatuía:

Os juízes e tribunais apreciarão a validade das leis e regulamentos e deixarão de aplicar aos casos ocorrentes as leis manifestamente inconstitucionais e os regulamentos manifestamente incompatíveis com as leis e com a Constituição.

Em decisão datada de 24 de novembro de 1894 (quatro dias após o advento da referida norma legal), o Supremo Tribunal Federal havia decidido que "...os Juízes estaduais, assim como os federais, têm faculdade para, no exercício das suas funções, deixarem de aplicar leis inconstitucionais (...), faculdade que pressupõe a competência para apreciarem a inconstitucionalidade e declararem-na para aquele efeito" (CAETANO, Marcelo, obra cit., p. 416).

2.3. A Emenda Constitucional de 1926

Essa Emenda nenhuma alteração substancial introduziu na matéria que era regulada pelo art. 59, § 1º, da Constituição de 1891.

Basta ver-se o seu art. 60, § 1º, que dispunha quanto ao cabimento de recurso extraordinário ao Supremo Tribunal Federal:

a) quando se questionar sobre a vigência ou validade das leis federais em face da Constituição e a decisão do Tribunal do Estado lhes negar aplicação;

b) quando se contestar a validade de leis ou de atos dos governos dos Estados em face da Constituição ou das leis federais, e a decisão do Tribunal do Estado considerar válidos esses atos ou essas leis impugnadas.

2.4. A Constituição de 1934

No tocante ao recurso extraordinário, as causas para a sua interposição, previstas nessa Constituição (art. 76 inciso III), promulgada a 16 de julho de 1934, eram praticamente as mesmas que constavam da Emenda de 1926 (art. 60, § 1º).

Especificamente no que concerne ao controle da constitucionalidade, sua técnica e os efeitos derivantes da declaração, as modificações introduzidas pela Constituição de 1934 foram profundas. Dentre elas, podemos destacar as seguintes:

a) a exigência (pela primeira vez feita) de que a declaração de inconstitucionalidade somente seria possível se obtida pelo voto da *maioria absoluta* dos membros efetivos dos tribunais (art. 179);

b) a suspensão da execução, pelo Senado Federal, das leis e demais atos declarados contrários à Constituição pelos órgãos judiciários: "suspender a execução, no todo ou em parte, de qualquer lei ou acto, deliberação ou regulamento, quando hajam sido declarados inconstitucionais pelo Poder Judiciário" (art. 91, IV);

c) a possibilidade de o Supremo Tribunal Federal pronunciar a inconstitucionalidade de lei estadual, desde que regularmente provocado pelo Procurador-Geral da República (art. 12, § 2º).

É relevante anotar que a modalidade de declaração prevista na letra "c", retro, era uma espécie de terceiro gênero (*tertium genus*) na medida que não se tratava de ação direta, nem de controle incidental.

2.5. A Constituição de 1937

A 10 de novembro de 1937, Getúlio Vargas, Presidente da República, impunha ao País uma Constituição (a que alguns estudiosos preferem chamar, corretamente, de Carta Outorgada).

Conotações políticas à parte, é certo que essa Constituição trouxe uma alteração de grande monta no terreno do controle da constitucionalidade. Ocorre que, embora tivesse sido mantida a competência do Supremo Tribunal Federal para declarar a inconstitucionalidade de leis ou atos normativos do Poder Público (art. 99, III, "a"), o parágrafo único do art. 96 dispunha:

No caso de ser declarada a inconstitucionalidade de uma lei que, a juízo do Presidente da República, seja necessária ao bem estar do povo, à promoção ou defesa de interesse nacional de alta monta, poderá o Presidente da República submetê-la novamente ao exame do Parlamento; se êste a confirmar por dois terços dos votos em cada uma das Câmaras, ficará sem efeito a decisão do Tribunal.

A despeito dos fartos encômios que alguns estudiosos do período — e mesmo alguns mais recentes — dedicaram a essa disposição constitucional, parece-nos que ela implicava um menoscabo às decisões emitidas pelo Poder Judiciário, em sede de controle da constitucionalidade, ao permitir que fosse tornadas sem efeito por decisão do Parlamento. Talvez por isso, o parágrafo único do art. 96 tenha sido revogado pela Lei Constitucional n. 18, de 11 de novembro de 1945, que, ao fazê-lo, restabeleceu, em sua plenitude, essa função excelsa dos tribunais de nosso País, consistente na declaração de inconstitucionalidade de leis ou de atos oriundos da legislatura.

2.6. A Constituição de 1946

Essa Constituição, que "redemocratizou" o País, foi promulgada a 18 de setembro de 1946.

Em termos gerais, manteve a competência dos órgãos jurisdicionais para declarar a inconstitucionalidade, bem como a exigência de que essa declaração deveria ser tomada pela maioria absoluta dos juízes dos tribunais (art. 200).

Para efeito de intervenção *da União no Estado-membro* (art. 7º, *caput*), o ato inquinado de inconstitucional deveria ser submetido pelo Procurador-Geral da República à apreciação do Supremo Tribunal Federal, que, declarando-o, ensejaria a intervenção (art. 8º, parágrafo único).

Sempre que se tratasse de declaração em tese, o Judiciário ficava manietado diante do disposto no art. 7º, embora não sofresse nenhuma restrição quanto à declaração em concreto, ou seja, quanto aos casos concretos. A Emenda constitucional n. 16, de 26 de novembro de 1965 (DOU de 6 de dezembro do mesmo ano), entretanto, deu cobro a essa injustificável coarctação, ampliando as situações autorizadoras do exercício da ação direta de inconstitucionalidade (controle em tese, ou em abstrato). Estabelecia o art. 2º, dessa Emenda (que deu nova redação ao art. 101, inciso I, letra "k", da Constituição de 1946 que o Supremo Tribunal poderia processar e julgar, originariamente:

A representação contra inconstitucionalidade de lei ou de ato de natureza normativa, federal ou estadual, encaminhada pelo Procurador-Geral da República.

A representação formulada pelo Procurador-Geral da República já não ficava restrita ao objetivo de propiciar a intervenção da União no Estado-membro, senão que a permitir ao Supremo Tribunal Federal fazer com que a letra da Constituição prevalecesse em face de normas legais ordinárias contrastantes com aquele texto.

Em síntese: a Constituição Federal de 1946, com a Emenda n. 16/65, fixou a competência: a) do Excelso Pretório para declarar, em ação direta, a inconstitucionalidade de lei ou de ato normativo do Poder Público (art. 101, I, "k"); b) do Senado Federal para suspender, no todo ou em parte, a execução de ato declarado inconstitucional pelo Supremo Tribunal Federal (art. 64).

2.7. A Constituição de 1967

Produto de um regime militar, a Constituição em foco foi promulgada a 24 de janeiro de 1967.

Em seu art. 114, inciso I, letra "l", manteve a competência do Supremo Tribunal Federal para processar e julgar originariamente:

A representação do Procurador-Geral da República, por inconstitucionalidade de lei ou ato normativo federal ou estadual.

O art. 45, inciso IV, atribuiu competência ao Senado Federal para:

Suspender a execução no todo ou em parte, de lei ou decreto, declarados inconstitucionais por decisão definitiva do Supremo Tribunal Federal.

A Emenda Constitucional n. 1, promulgada a 17 de outubro de 1969 (DOU de 20 do mesmo mês, retificada em 21.10.69 e republicada em 30.10.69) apenas deslocou para o art. 119 a competência do Supremo Tribunal Federal para declarar a inconstitucionalidade, antes prevista no art. 114. A Emenda Constitucional n. 7, promulgada a 13 de abril de 1977, deu nova redação à letra "l" do art. 119, I, da Constituição de 1967, que passou a ser a seguinte:

"A representação do Procurador-Geral da República, por inconstitucionalidade ou para interpretação de lei ou de ato normativo federal ou estadual".

2.8. A Constituição de 1988

Promulgada a 10 de outubro, a Constituição em vigor atribui, no art. 102, inciso I, letra "a", competência ao Supremo Tribunal Federal para processar e julgar originariamente:

Ação direta de inconstitucionalidade de lei ou ato normativo federal ou estadual.

Manteve, também, a competência do Senado Federal para:

"Suspender a execução, no todo ou em parte, de lei declarada inconstitucional por decisão definitiva do Supremo Tribunal Federal" (art. 52, inciso X).

Por outro lado, inovou ao: 1) instituir a ação declaratória de *constitucionalidade* (art.102, § 2º); 2) de inconstitucionalidade *por omissão* (art. 103, § 2º);

e 3) ampliar os casos de legitimidade para ingressar com ação direta de inconstitucionalidade (art. 103).

3. A supremacia da Constituição

Em nosso complexo sistema de direito positivo, as normas que o compõem não se encontram dispostas de maneira linear, uma ao lado da outra; ao contrário, informadas por um princípio hierárquico, elas estão integradas em uma estrutura piramidal, em cujo ápice se alcandora a Constituição — considerada, por isso mesmo, a lei suprema, a leis das leis etc.

Sob o pano de fundo dessa hierarquização vertical, tais manifestações normativas do Estado podem ser sistematizadas em classes distintas, que, em ordem decrescente, são as seguintes, à luz do art. 59 da Constituição Federal:

a) Constituição;

b) leis complementares;

c) leis ordinárias;

d) leis delegadas;

e) medidas provisórias;

f) decretos legislativos;

g) resoluções.

Podem ser incluídos, ainda, nesse rol, as portarias ministeriais, os regimentos das entidades autárquicas, as circulares, avisos e instruções ministeriais, etc.

Dessa tradicional posição apicular da Constituição, em relação às demais normas integrantes do ordenamento positivo, decorre a sua supremacia e a consequente necessidade de o Estado instituir órgãos e mecanismos destinados a exercer o controle da constitucionalidade das leis e dos atos normativos do Poder Público.

É absolutamente preciso, em razão disso, o pronunciamento doutrinal que reconhece nessa hegemonia inflexível da Constituição uma autêntica pedra angular em que se apoia todo o edifício do direito político dos tempos modernos (FERREIRA, Luiz Pinto. *Princípios gerais do direito constitucional moderno*. Tomo I. São Paulo: Revista dos Tribunais, 1971. p. 132).

Essa vigilância quanto à adequação das normas infraconstitucionais à Suprema Carta Política, como é lógico, só se justifica sob o império das Constituições: a) escritas; e b) do tipo rígido.

Escritas, porque apenas quando a sua existência é expressa por essa forma é que a Constituição permite o controle eficaz da compatibilidade, com ela, das normas hierarquicamente inferiores, seja quanto à sua literalidade, seja quanto ao seu espírito. As Constituições consuetudinárias — raras nos dias de hoje —, por sua natureza imaterial, abstrata, não possibilitam, como é elementar, esse controle. Afinal, surgem como manifestação espontânea do costume e da mentalidade de um povo — fontes jurígenas essencialmente informais.

Rígidas, porque o exercício do controle da constitucionalidade é impraticável quando se trata de Constituição imutável, ou fixa — espécie, aliás, que se encontra perdida no tempo. Modernamente, os textos constitucionais preveem, em regra, a sua emenda ou reforma: sob este aspecto é que são classificados em *rígidos* ou *flexíveis*. Estes comportam modificação segundo o procedimento legislativo aplicável às leis ordinárias, motivo por que são também denominados de *plásticos*; aqueles, todavia, a despeito de permitirem emendas ou reformas, exigem, para que possam ser efetuadas, a observância de solenidade e de procedimento especiais, caracterizados, dentre outras coisas, por debates mais amplos, por prazos dilatados, quórum qualificado etc.

A Constituição brasileira em vigor é do tipo *rígido*, como demonstra o seu art. 60. Sahid Maluf (*Curso de direito constitucional*. 6. ed., 1º v. São Paulo: Sugestões Literárias, 1970. p. 190/191) observa, com propriedade, que a causa política de haver-se adotado a rigidez constitucional reside na necessidade de salvaguardar-se a Constituição "dos golpes de força das maiorias partidárias, das tendências oportunistas dos grupos políticos predominantes e da exaltação dos espíritos nos momentos de crise nacional".

4. Conceito de inconstitucionalidade

Objetivamente, podemos conceituar como inconstitucional toda lei ou ato normativo do Poder Público que contrarie, no todo ou em parte, a letra ou o espírito da Constituição.

A violação à *letra* (ou *direta*) se dá quando o ato inferior, oriundo do Executivo, do Legislativo ou do próprio Judiciário, se coloca em antagonismo com o texto da Constituição. Haverá transgressão ao *espírito* (ou *indireta*) da Constituição quando tais atos forem incompatíveis com os *princípios* por ela consagrados. É oportuno salientar a disposição contida no § 2º do art. 5º da Constituição em vigor, conforme o qual "Os direitos e garantias expressos nesta Constituição não excluem outros decorrentes do regime e dos princípios por ela adotados, ou dos tratados internacionais em que a República Federativa do Brasil seja parte".

Como dissemos, o controle da constitucionalidade tem em mira, basicamente, a lei e os atos normativos emanados do Poder Público.

Lei, na clássica definição de Washington de Barros Monteiro (*Curso de direito civil*. v. 5º. São Paulo: Saraiva, 1967. p. 14) é "um preceito comum e obrigatório, emanado do poder competente e provido de sanção".

Ato normativo é "um comando geral do Executivo, visando à correta aplicação da lei", na definição de Hely Lopes Meirelles (*Direito administrativo brasileiro*. 2. ed. São Paulo: Revista dos Tribunais, 1966. p. 185). Acrescenta o ilustre administrativista que tais atos expressam, de maneira concreta, o comando abstrato da lei, em que pese ao fato de traduzirem manifestação tipicamente administrativa, para arrematar que eles, conquanto estabeleçam regras de conduta a serem observadas, não são leis no sentido material e formal: "São leis materiais apenas, vale dizer, provimentos executivos com conteúdo de lei, com matéria de lei" (*ibidem*).

As súmulas da jurisprudência predominante nos tribunais não podem ser objeto de declaração de inconstitucionalidade por serem destituídas de qualquer caráter vinculativo, exceto aquelas que o STF expressamente declarar que possuem esse efeito, nos termos do art. 103-A, da Constituição da República.

5. Revogação e inconstitucionalidade

Um dos grandes equívocos em que, vez e outra, incorrem a doutrina e a jurisprudência, consiste em suporem que uma lei *anterior* à Constituição possa ser declarada inconstitucional. Esse equívoco revela uma confusão entre revogação e inconstitucionalidade. Expliquemos.

Quando uma norma legal é *posterior* à Constituição e com esta se coloca em antagonismo, temos o fenômeno da *inconstitucionalidade*, que constitui objeto deste nosso estudo. Entrementes, quando lei ordinária é *anterior* à Constituição, que passa a regular de maneira diversa a matéria por aquela disciplinada, o que se tem não é a inconstitucionalidade da lei ordinária, mas a sua *revogação* pelo Texto Constitucional.

É conveniente recordar a regra inscrita no § 1º do art. 2º da Lei n. 12.376, de 30.12.2010 (DOU de 31.12.2010): "Lei de Introdução às Normas do Direito Brasileiro", segundo a qual "A lei posterior revoga a anterior quando expressamente o declare, quando seja com ela incompatível ou quando regule inteiramente a matéria de que tratava a lei anterior".

Conseguintemente, não cabe arguição de inconstitucionalidade de lei ou de ato normativo do Poder Público que sejam *anteriores* à Constituição, pois esta não está sendo desafiada por aqueles, senão que os revogou. Tecnicamente falando, o autor, que ajuizasse essa ação direta, deveria ser declarado carecedor da ação, por faltar-lhe o indispensável interesse processual.

6. Sistemas de controle e classificação

De modo geral, os ordenamentos jurídicos disciplinam o controle da constitucionalidade sob dois aspectos fundamentais: a) subjetivo; b) formal.

O controle *subjetivo*, também denominado orgânico, é integrado pelos sistemas: a.a.) difuso; a.b.) concentrado. O primeiro foi adotado nos EEUU; o segundo, na Itália, na Alemanha, dentre outros países.

Diz-se que o sistema é *difuso* porque o controle é exercido, de maneira indistinta, por quaisquer dos órgãos integrantes do Poder Judiciário; no *concentrado*, originário da Áustria, ao contrário, essa vigilância é realizada, com exclusividade, por um órgão jurisdicional.

b) No controle *formal*, a verificação da constitucionalidade é feita tanto sob a forma *principal*, como *incidental*. Nesta última situação, ela se manifesta nos casos concretos. No primeiro, a declaração de inconstitucionalidade constitui o próprio objeto da ação, sendo, por isso, produto de ação direta.

Levando-se em conta, por outro lado, o *momento* em que a vigilância constitucional é exercida, podemos classificá-la em: 1) *preventiva*; 2) *posterior*.

1) A vigilância *preventiva*, como a expressão está a indicar, é feita antes da publicação da norma legal ou da edição do ato normativo. No Brasil, essa modalidade de controle, que já estava prevista no art. 59, §§ 1º e 3º da Constituição de 1967, com a Emenda n. 1/69, foi mantida pela atual, como evidencia o seu art. 66, § 1º: "Se o Presidente da República considerar o projeto, no todo ou em parte, inconstitucional ou contrário ao interesse público, vetá-lo-á total ou parcialmente, no prazo de quinze dias úteis, contados da data do recebimento, e comunicará, dentro de quarenta e oito horas, ao Presidente do Senado Federal os motivos do veto".

Em França, aliás, a Constituição de 1789, que instituiu o Senado Conservador, atribuiu a este a incumbência de apreciar, de maneira prévia, a inconstitucionalidade das leis (art. 21).

2) O controle *posterior* é realizado após a publicação da lei ou do ato normativo do Poder Público, sendo exercido, de maneira exclusiva, pelos órgãos do Poder Judiciário.

No Brasil, essa espécie de controle é feito tanto pelo sistema *subjetivo* (em suas modalidades difusa e concentrada) quanto pelo *formal* (em suas formas preventiva e principal).

A inconstitucionalidade pode ser classificada, ainda, em a) *material*; b) *formal*. A primeira diz respeito ao conteúdo da lei ou do ato normativo contrastante com a Constituição; a segunda se refere ao procedimento adotado para a edição desses atos. Um dos exemplos característicos e atual desta última espécie são as *medidas provisórias* editadas em desrespeito ao art. 62 da Constituição. Segundo essa norma, o Presidente da República, em casos de *relevância* e *urgência*, poderá editar medidas provisórias, com força de lei. O que se tem presenciado, contudo, é a edição de tais medidas com manifesto desrespeito aos requisitos constitucionais (e cumulativos) de relevância e urgência. Assim, embora o *conteúdo* dessas medidas provisórias possa estar em harmonia com a ordem constitucional, elas são *formalmente* inconstitucionais, em decorrência da violação do art. 62 da Suprema Carta.

7. Declaração incidental de inconstitucionalidade

Vimos, no item anterior, que, no sistema *difuso*, o controle da constitucionalidade é realizado por quaisquer dos órgãos integrantes do Poder Judiciário e que, pelo sistema *concentrado*, essa vigilância é efetuada com exclusividade, por um dos órgãos jurisdicionais.

O Brasil adotou ambos os sistemas.

De outro lado, o controle da constitucionalidade pode ser feito de maneira *principal* ou *incidental*. No primeiro caso, o controle é feito pelo Supremo Tribunal Federal, em decorrência de ação direta: aqui, a declaração de inconstitucionalidade é o objeto da própria ação. No segundo, o controle é realizado quando do julgamento de casos concretos, em que essa declaração seja indispensável; por isso, tem caráter incidental, uma vez que essa declaração não figura como objeto principal da causa.

Interessa-nos, por enquanto, o estudo do controle *incidental*. O controle exercido por meio de ação direta (*principal*) será apreciado mais adiante.

Como afirmamos, o controle *incidental* se dá nos casos concretos, submetidos à apreciação dos órgãos do Poder Judiciário, inclusive, do Supremo Tribunal Federal. Com efeito, muitas vezes, uma das partes integrantes do conflito de interesses (ou o próprio juiz, *ex officio*) argúi a inconstitucionalidade de determinada lei ou ato normativo em que se funda a pretensão deduzida na causa (*causa petendi*). Diante disso, será indispensável um pronunciamento incidental acerca da compatibilidade, ou não, desses atos, com a Constituição, a fim de que possa ser efetuado, ulteriormente, o julgamento da lide.

8. A matéria, no CPC

> Art. 948. Arguida, em controle difuso, a inconstitucionalidade de lei ou de ato normativo do poder público, o relator, após ouvir o Ministério Público e as partes, submeterá a questão à turma ou à câmara à qual competir o conhecimento do processo.

Reproduziu-se o teor do art. 480 do CPC revogado.

Sendo arguida, em caráter difuso, a inconstitucionalidade de lei ou de ato normativo do poder público, o procedimento do relator deverá ser este: a) primeiro, ouvir o Ministério Público e as partes; b) depois, submeter a questão à turma ou câmara a que competir o conhecimento da causa. A ausência de concessão de oportunidade para a manifestação do Ministério Público ou de qualquer das partes acarreará a nulidade do incidente.

A norma trata do controle *incidental* da constitucionalidade, ou seja, daquele que é exercido nos casos concretos, pelos tribunais, inclusive, pelo STF, e cujos efeitos do pronunciamento, em regra, ficam restritos às partes (intraprocesso).

Conforme se percebe, cuida-se, aqui, de um exame prévio, pelo órgão fracionário do tribunal, sobre se a arguição de inconstitucionalidade é viável, ou não.

Art. 949. Se a arguição for:

I — rejeitada, prosseguirá o julgamento;

II — acolhida, a questão será submetida ao plenário do tribunal ou ao seu órgão especial onde houver.

Parágrafo único. Os órgãos fracionários dos tribunais não submeterão ao plenário ou ao órgão especial a arguição de inconstitucionalidade quando já houver pronunciamento destes ou do plenário do Supremo Tribunal Federal sobre a questão

Caput. A norma indica as consequências do resultado da apreciação da arguição de inconstitucionalidade.

Incisos I e II. Se a turma ou a câmara rejeitar a arguição, o julgamento da causa prosseguirá; se, ao contrário, um desses órgãos acolher a arguição, lavrará o acórdão e a questão será submetida à apreciação do plenário do tribunal ou do órgão especial, onde houver, ao qual cumprirá declarar inconstitucionalidade, ou não, do ato impugnado.

Note-se, portanto, que a turma ou a câmara não julgam esse incidente, limitando-se, apenas, a verificar se a *alegação* é procedente ou não. Acolhendo-a, como se disse, o órgão fracionário providenciará o encaminhamento dos autos ao plenário do tribunal ou ao seu órgão especial, após a lavratura do correspondente acórdão, ficando suspenso o julgamento da causa. Esse "salto" é necessário, em face do disposto no art. 97 da Constituição Federal, de acordo com o qual "Somente pelo voto da maioria absoluta de seus membros ou dos membros do respectivo órgão especial poderão os tribunais declarar a inconstitucionalidade de lei ou de ato normativo do Poder Público".

Parágrafo único. Cuida-se, aqui, de uma evidente regra de economia processual. Realmente, se o plenário ou o órgão especial do tribunal, ou o Supremo Tribunal Federal já pronunciaram a inconstitucionalidade de determinada lei ou ato normativo do Poder Público, não se justifica, *em princípio*, o fato de os órgãos fracionários dos tribunais submeterem a lei ou o ato normativo a exame, pelo plenário, pelo órgão especial ou pelo Excelso Pretório.

Embora a linguagem do parágrafo único do art. 949, do CPC, seja imperativa ("Os órgãos fracionários dos tribunais **não submeterão**..."; destacamos), entendemos que esse mandamento não necessitará ser observado quando tiver ocorrido, por exemplo, alteração na composição do plenário, do órgão especial, ou mesmo do pleno do STF, de tal maneira que a antiga interpretação por estes dada a tais leis ou atos normativos já não prevaleça ou tenda a não prevalecer.

Art. 950. Remetida cópia do acórdão a todos os juízes, o presidente do tribunal designará a sessão de julgamento.

§ 1º As pessoas jurídicas de direito público responsáveis pela edição do ato questionado poderão manifestar-se no incidente de inconstitucionalidade se assim o requererem, observados os prazos e as condições previstos no regimento interno do tribunal.

§ 2º A parte legitimada à propositura das ações previstas no art. 103 da Constituição Federal poderá manifestar-se, por escrito, sobre a questão constitucional objeto de apreciação, no prazo previsto pelo regimento interno, sendo-lhe assegurado o direito de apresentar memoriais ou de requerer a juntada de documentos.

§ 3º Considerando a relevância da matéria e a representatividade dos postulantes, o relator poderá admitir, por despacho irrecorrível, a manifestação de outros órgãos ou entidades.

Caput. O matéria constava do art. 482 do CPC revogado.

Os autos oriundos da turma ou câmara, contendo o incidente, serão remetidos ao presidente do tribunal, que providenciará a remessa de cópia do acórdão lavrado pelo órgão fracionário a todos os juízes do pleno ou do órgão especial, conforme seja a competência de um ou de outro para julgar o incidente, nos termos do regimento interno, e designará data para a sessão de julgamento.

§ 1º Fica facultado às pessoas jurídicas de direito público responsáveis pela edição do ato questionado, se assim o requererem, manifestarem-se no incidente de inconstitucionalidade, na forma prevista pelo regimento interno do tribunal.

§ 2º O art. 103 da Constituição Federal enumera as pessoas e instituições dotadas de legitimidade para promover ação *direta* de inconstitucionalidade. Essas mesmas pessoas e instituições poderão manifestar-se, por escrito, a respeito da questão constitucional suscitada *incidentalmente* nos casos concretos, podendo, ainda, apresentar memoriais e requerer a juntada de documentos.

§ 3º Tendo em conta a relevância da matéria e a representatividade dos postulantes, o relator poderá admitir a manifestação de outros órgãos e entidades. Esse despacho do relator é irrecorrível.

Referidos órgãos ou entidades revelam a presença do *amicus curiae*, figura sobre a qual nos manifestaremos mais adiante, ao nos dedicarmos ao estudo da *ação direta* de inconstitucionalidade.

Da decisão proferida pelo pleno ou pelo órgão especial, em sede de incidente de inconstitucionalidade, não cabe recurso, nos termos a Súmula n. 513 do STF: "A decisão que enseja a interposição de recurso ordinário ou extraordinário não é a do plenário, que resolve o incidente de inconstitucionalidade, mas a do órgão (Câmaras, Grupos ou Turmas) que completa o julgamento do feito".

Todavia, a doutrina tem colocado em dúvida a sobrevivência dessa Súmula após a edição do CPC de 1973. Como pondera Theotônio Negrão (obra cit., p. 373), a referida Súmula foi editada "mais por motivos de ordem prática, a fim de evitar que tivessem de ser interpostos sucessivamente dois recursos extraordinários para o STF: um, desde logo, em matéria constitucional; outro, nas questões infraconstitucionais, quando o feito voltasse à turma para completar o julgamento. Hoje, não existe mais essa razão, porque em tema constitucional cabe recurso ao STF, e em matéria infraconstitucional, ao STJ. Além do mais, o julgamento está findo, em matéria constitucional, com a decisão do Tribunal Pleno ou do Órgão Especial: não pode ser alterado pela Turma". Em reforço ao seu argumento, menciona o seguinte acórdão do STJ: "Se o único fundamento da causa é a inconstitucionalidade de texto de lei, inexistindo matéria remanescente a ser decidida, é desnecessário que a Corte Especial devolva os autos ao órgão julgador que a suscitou, para completar-lhe o julgamento, devendo, desde logo, decidir o feito, a fim de evitar procrastinação incompatível com os princípios que regem o processo moderno" (STJ-Corte Especial, RMS 1.178-0-RS-AInc-E-decl, rel. Min. Antônio de Pádua Ribeiro, três votos vencidos, em 31.8.95, DJU de 9.10.95, p. 33.505).

Divergimos, data venia, desse entendimento inovador. O *per saltum,* que se verifica com a remessa dos autos pelo órgão fracionário (turma, câmara) ao pleno ou ao órgão especial, se faz, exclusivamente, com vistas à necessidade de ser aferida a constitucionalidade ou a inconstitucionalidade da lei ou do ato normativo em que se fundam os pedidos concernentes à causa (lide), cujo julgamento ficou *suspenso* com a mencionada remessa dos autos, não implicando, portanto, uma *cessão de competência* para o julgamento da lide. Destarte, o pleno ou o órgão especial, ao se pronunciar sobre a arguição de inconstitucionalidade, exaure a sua atuação, devendo, por isso, devolver os autos ao órgão fracionário, para que este proceda ao julgamento da causa de acordo com o que ficou decidido naquele incidente.

Em suma: a competência para *julgar a causa* não deixa de ser do órgão fracionário, pelo simples fato de este remeter os autos ao pleno ou ao órgão especial, para apreciar o incidente de arguição de inconstitucionalidade.

9. Ação direta de inconstitucionalidade

9.1. Objeto da declaração

Esta ação está ligada ao controle do tipo concentrado — que, como dissemos em linhas anteriores, é realizado, em nosso meio, com exclusividade, pelo Supremo Tribunal Federal (Const. Federal, art. 102, I, "a").

Esse controle não é realizado *em concreto* (ou seja, de maneira incidental, nas causas submetidas à apreciação dos órgãos jurisdicionais) mas *em abstrato*, por meio de ação direta, da qual a declaração de inconstitucionalidade constitui seu objeto exclusivo.

De outro lado, o objeto da declaração são as leis ou os atos normativos federais ou estaduais.

O STF, por isso, não pode exercer, em foro de ação direta, o controle da constitucionalidade das leis *municipais*, contestadas diante da Constituição Federal. Aliás, nem mesmo os tribunais estaduais poderão realizar esse controle. A compatibilidade das leis municipais, portanto, somente poderá ser feita nos *casos concretos*, em que essas normas figuram como a *causa de pedir*.

As Emendas Constitucionais, entretanto, estão sujeitas ao controle da constitucionalidade por meio de ação direta.

9.2. Legitimidade

O art. 119, I, "l" da Constituição de 1967, com a Emenda n. 7/77, atribuía ao Procurador-Geral da República legitimidade exclusiva para formular "representação" de inconstitucionalidade perante o Supremo Tribunal Federal. A propósito, estabeleceu-se na doutrina do período uma profunda cizânia sobre saber se o oferecimento dessa representação constituía faculdade ou *dever* do Procurador-Geral da República. O STF acabou por filiar-se à primeira corrente, como revela este excerto de um seu acórdão: "... o titular único da representação de inconstitucionalidade é o Procurador-Geral da República, conforme dispõe o art. 119, inc. I, letra *l*, da Constituição, bem assim o art. 169 do novo RI do STF. Destarte, na qualidade de seu titular tem a faculdade de oferecer a representação ou arquivá-la. Ao interessado fica reservada a via processual comum para a arguição de inconstitucionalidade, diante do caso concreto" (Rcl. 121-1-RJ, Rel. min. Djaci Falcão, DJU de 20.3.81, p. 2.228).

A Constituição de 1988, contudo, não só passou a falar em *ação direta* de inconstitucionalidade (art. 102, I, "a"), e não mais em representação, como atribuiu a diversas pessoas e entidades legitimidade para exercê-la (art. 103, incisos I a IX), quais sejam:

a) o Presidente da República;

b) a Mesa do Senado Federal;

c) a Mesa da Câmara dos Deputados;

d) a Mesa da Assembleia Legislativa ou da Câmara Legislativa do Distrito Federal;

e) o Governador de Estado ou do Distrito Federal;

f) o Procurador-Geral da República;

g) o Conselho Federal da Ordem dos Advogados do Brasil;

h) partido político com representação no Congresso Nacional;

i) confederação sindical ou entidade de classe de âmbito nacional.

O Supremo Tribunal Federal, no entanto, já decidiu que não possuem legitimidade para o exercício da ação direta de inconstitucionalidade, entre outros: 1) simples associação de empregados de empresa que não congrega uma categoria de pessoas distintas das demais, senão que se encontram agrupadas pelo interesse transitório de estarem prestando serviços a determinado empregador (ADIn 34-9-DF-Pleno, em 5.4.89, rel. Min. Octávio Gallotti, DJU de 28.4.89); 2) sindicato de bancos que possui base territorial em alguns Estados, mas só congrega, como associados, os bancos em funcionamento nesses Estados que atendam às exigências da legislação sindical. Logo, tal sindicato não possui base nacional (ADIn 39-0, questão de ordem, RJ-Pleno, em 27.4.89, rel. Min. Moreira Alves, DJU de 19.5.89); 3) a Confederação dos Servidores Públicos do Brasil, por não se tratar de confederação sindical, nem de associação de classe de âmbito nacional. Trata-se, no entendimento do STF, de "Entidade caracterizada por hibridismo em sua composição, na linha da compreensão dada a associações de tal natureza na ADIn 353" (ADIn 1.427-PE, rel. Min. Néri da Silveira, em 17.5.96, DJU de 12.11.96).

O Excelso Pretório também entende não possuírem legitimidade para o exercício da ação direta de inconstitucionalidade: a) a Confederação dos Servidores Públicos do Brasil; b) a Confederação Geral dos Trabalhadores; c) o Conselho Federal de Farmácia; d) Diretório Regional ou Executiva Regional de Partido Político; e) A União Nacional dos Estudantes (UNE); f) a Associação do Ministério Público junto aos Tribunais de Contas, entre outros.

Pode-se asseverar, em razão dessa ampliação da legitimidade ativa, concedida pelo art. 103 da Constituição Federal, que o controle jurisdicional da constitucionalidade passou a ser efetuado de maneira mais ampla, em sede de ação direta, cuja particularidade pode ser interpretada como uma das manifestações do ideal democrático. Eventual argumento de que essa ampliação da legitimidade poderá transformar a ação direta de inconstitucionalidade em uma ação como qualquer outra e, além disso, provocar uma sobrecarga nas atividades do Supremo Tribunal Federal, não pode ser sobreposto à necessidade imposta pelos princípios democráticos, que convertem o indivíduo em guardião natural da supremacia da Constituição.

O Procurador-Geral da República, atualmente, é, apenas, uma dessas pessoas legitimadas e não mais o titular exclusivo do exercício desse direito (cívico e político) de submeter à apreciação do Supremo Tribunal Federal as leis ou os atos normativos do Poder Público que estejam em antagonismo com a ordem constitucional.

É bem verdade, que, em tese, poderão acontecer situações algo irônicas — para dizer o mínimo — em que pessoas legitimadas para a apresentação de projetos de lei (membro ou Comissão da Câmara dos Deputados, do Senado Federal, do Congresso Nacional, Presidente da República, Procurador-Geral da República, cidadãos em geral: Const. Fed., art. 61), vitoriosas em sua iniciativa legislativa, venham, mais tarde, a ajuizar ação direta de inconstitucionalidade, tendo como objeto, exatamente, lei oriunda de projeto por elas apresentado...

9.3. A Liminar

O Supremo Tribunal Federal, nas ações diretas, poderá conceder, com eficácia *ex nunc* e com efeito vinculativo, medida *cautelar* destinada a suspender, desde logo, a eficácia de norma legal ou de ato normativo inquinado de inconstitucional (Const. Federal, art. 102, I, "p"). Isso demonstra a possibilidade de haver medida cautelar sem processo cautelar.

Essa medida liminar, por possuir natureza cautelar, deverá ter a sua concessão submetida aos pressupostos clássicos de *fumus boni iuris* (aparência de bom direito) e de *periculum in mora* (perigo na demora). Entretanto, ao contrário do que se passa, em geral, com as providências cautelares concedidas *in limine*, o relator, na ação direta de inconstitucionalidade, não poderá condicionar a concessão dessa liminar à prestação de caução, seja real ou fidejussória, pelo autor, de que trata o art. 300, § 1º, do CPC (contracautela). Como bem decidiu o STF, "a eficácia *erga omnes* das decisões prolatadas pelo STF, em ação direta de inconstitucionalidade, quando suspendem, *ex nunc*, o ato normativo impugnado, se adstringe a revigorar, para o futuro e até decisão final da ação, a normatividade vigente anteriormente, impondo a todos a observância desta. Nisso se exaure a eficácia dessas decisões, que, portanto, não têm execução específica, ainda que provisória, para permitir a adoção de providência — depósito judicial para resguardo de eventuais direitos — pleiteada pela autoridade competente" (ADIn 1.423-SP, rel. Min. Moreira Alves, em 13.3.97, DJU de 6.6.97).

Tem sido tradição de nosso sistema permitir que a concessão de medidas liminares seja feita monocraticamente, mesmo nos órgãos colegiados (hipótese em que o ato é praticado pelo relator). Não é esse, porém, o procedimento que impera em tema de ação direta de inconstitucionalidade, pois aqui a medida liminar (cautelar) é outorgada pelo Plenário do STF, como prevê o art. 170, § 1º, do seu Regimento Interno: "Se houver pedido de medida cautelar, o Relator submetê-la-á ao Plenário e somente após a decisão solicitará as informações" (à autoridade da qual tiver emanado o ato impugnado).

É razoável presumir que o fato de o Regimento Interno haver transferido para o Plenário a competência para apreciar o pedido de liminar, na ação em exame, visou a retirar dos ombros do relator a enorme responsabilidade de ter que decidir, sozinho, sobre assunto de tamanha relevância. De qualquer forma, é importante não se perder de vista o fato de que, mesmo para efeito de deferimento da liminar, deverá ser respeitado o *quorum* fixado pelo art. 97 da Constituição (maioria absoluta dos ministros do STF).

Há uma indagação que não pode deixar de ser formulada: a *liminar*, concedida em ação direta de inconstitucionalidade, teria eficácia *erga omnes*, ou estaria restrita à parte que ingressou com a ação? Estamos a questionar, como se nota, quanto aos *limites subjetivos* dessa liminar. Em um primeiro momento, poder-se-ia imaginar que a eficácia fosse *erga omnes*, ao argumento de que a suspensão da eficácia da lei ou do ato normativo a todos aproveitaria, de tal arte que não faria sentido a lei ou o ato não valer para um, mas valer para as demais pessoas que não integraram a relação processual. Conquanto esse raciocínio seja lógico, não é, necessariamente, correto, do ponto de vista jurídico. Ocorre que a medida liminar, de modo geral — e também no âmbito da ação direta de inconstitucionalidade — é *intuitu personae*, ou seja, é deferida com vistas à situação pessoal do indivíduo que a requereu, observada a legitimidade *ad causam* prevista no art. 103 da Constituição. Diverso, contudo, é o que se passa no *julgamento* da ação: aqui, a declaração de inconstitucionalidade será sempre *erga omnes*, pois não se estará levando em conta certos elementos particulares (subjetivos) daquele que exerceu a ação, mas o próprio ato impugnado (elemento objetivo), que, por isso, se não valer para um, não valerá para nenhum.

9.4. O Procurador-Geral da República

O Procurador-Geral da República deve ser previamente ouvido nas ações diretas de inconstitucionalidade (Const. Federal, art. 103, § 1º), sob pena de nulidade do processo, exceto se a ação foi proposta por ele mesmo, como lhe faculta o art. 103, inciso VI da Constituição Federal.

9.5. O Advogado-Geral da União

O Supremo Tribunal Federal, ao apreciar a inconstitucionalidade, em tese, de lei ou de ato normativo, citará, previamente, o Advogado-Geral da União, "que defenderá o ato ou texto impugnado" (*ibidem*, § 3º). Por isso, decidiu o STF: "Função constitucional do Advogado-Geral da União. A função processual do Advogado-Geral da União, nos processos de controle de constitucionalidade por via de ação, é eminentemente defensiva. Ocupa, dentro da estrutura formal desse processo objetivo, a posição de órgão agente, posto que não lhe compete opinar nem exercer a função fiscalizadora já atribuída ao Procurador-Geral da República. Atuando como verdadeiro curador (defensor *legis*) das normas infraconstitucionais, inclusive naquelas de origem estatal, e velando pela preservação de sua presunção de constitucionalidade e de sua integridade e validez jurídicas no âmbito do sistema de direito positivo, não cabe ao Advogado-Geral da União, em sede de controle normativo abstrato, ostentar posição processual contrária ao ato estatal, impugnado, sob pena de frontal descumprimento do *munus* indisponível que lhe foi imposto pela própria Constituição da República" (Ag. Reg. em ADIn. n. 1.254-1-RJ, rel. Min. Celso de Mello, DJU de 19.9.97, p. 45.530).

A despeito da disposição constitucional e do pensamento do Excelso Pretório a respeito do assunto, entendemos que o Advogado-Geral da União não está obrigado, em todos os casos, a *defender* a lei ou o ato, pois isso poderia levá-lo, em certas situações, a promover a defesa de um ato que, em consciência, sabe estar em manifesto antagonismo com a Constituição. Essa defesa incondicional da lei ou do ato normativo inquinados de inconstitucionais poderia, portanto, submetê-lo a um injustificável constrangimento intelectual e político e — o que é mais grave — obrigá-lo a compactuar com transgressões ordem constitucional.

9.6. Intervenção de terceiros

Essa mesma ementa do acórdão proferido pelo Supremo Tribunal Federal registra judiciosa opinião daquela Corte acerca da impossibilidade de entidades privadas integrarem o polo passivo da relação processual na ação direta de inconstitucionalidade. Diz a mencionada ementa: "Entidades privadas não podem figurar no polo passivo do processo de ação direta de inconstitucionalidade. O caráter necessariamente estatal do ato suscetível de impugnação em ação direta de inconstitucionalidade exclui a possibilidade de intervenção formal de mera entidade privada no polo passivo da relação processual. Precedente. O controle normativo abstrato constitui processo de natureza objetiva. A importância de qualificar o controle normativo abstrato de constitucionalidade como processo objetivo — vocacionado, exclusivamente, à defesa, em tese, da harmonia do sistema constitucional — encontra apoio na própria jurisprudência do Supremo Tribunal Federal, que, por mais de uma vez, já enfatizou a objetividade desse instrumento de proteção *in abstracto* da ordem constitucional. Precedentes. Admitido o perfil objetivo que tipifica a fiscalização abstrata de constitucionalidade, torna-se essencial concluir que, em regra, não se deve reconhecer, como pauta usual de comportamento hermenêutico, a possibilidade de aplicação sistemática, em caráter supletivo, das normas concernentes aos processos de índole subjetiva, especialmente daquelas regras meramente legais que disciplinam a intervenção de terceiros na relação processual. Precedentes" (*idem, ibidem*).

Embora também entendamos não ser possível a *intervenção de terceiros* em processo de ação direta de inconstitucionalidade, estamos convencidos de que esse processo não repele a *assistência litisconsorcial*, de que fala o art. 124 do CPC (em que o interesse do terceiro deriva do fato de a decisão influir na relação jurídica havida ou existente entre ele e o adversário do assistido), desde que o terceiro também possua legitimidade para ingressar com ação direta. Assim dizemos porque se o terceiro não possuir essa legitimidade, a sua intervenção, na qualidade de assistente litisconsorcial, poderia constituir um estratagema, um artifício para contornar a sua falta de legitimidade para a referida ação — legitimidade que é atribuída pelo art. 103, da Constituição Federal.

É bem verdade que o art. 169, § 2º, do Regimento Interno do STF, acrescentado pela Emenda Regimental n. 2, de 4.12.85, não admite a assistência "a qualquer das partes". Contudo, como afirmamos, se o terceiro se encontra constitucionalmente dotado de legitimidade para o exercício da ação direta, não se lhe poder negar o direito de ingressar no processo como assistente litisconsorcial. Sob esse aspecto, parece-nos que o mencionado dispositivo da norma *interna corporis* do STF está em conflito com o art. 103, da Constituição.

9.6.1. A figura do amicus curiae

A figura do *amicus curiae* ("amigo da corte") foi adotada, no início do século XIX, pela Suprema Corte norte-americana com a finalidade de proteger direitos coletivos ou difusos. Cabe esclarecer, porém, que *amicus curiae* não é, nem se torna, parte na causa. Trata-se, na verdade, de alguém que, tendo em vista o interesse público aflorado no processo, se dirige à Corte para fornecer-lhe subsídios destinados a orientá-la no julgamento, ou a chamar-lhe a atenção para um aspecto da matéria, que, sem a intervenção do *amicus curiae*, poderia passar despercebida pelo Tribunal ou ser por este mal decidida. A atuação *amicus curiae* tem se manifestado, com maior intensidade, mediante apresentação de memoriais, ou formulação de sustentação oral.

No sistema norte-americano, essa figura — que está regulada na Regra n. 37, do Regimento Interno da Suprema Corte — tem sido também denominada de *brandies-brief*, porque, como dissemos, *o amicus curiae* apresenta um memorial (*brief*) aos juízes da Suprema Corte, nos quais expõe os seus argumentos em favor de uma das teses em conflito nos autos do processo.

A importância do *amicus curiae*, nos EUA, pode ser avaliada, por exemplo, pelo episódio envolvendo a candidatura de George W. Bush à presidência daquele país. Na altura, alegou-se, perante a Suprema Corte, a existência de fraude eleitoral, cometida por George Bush — *Florida Election Case n. 00.949*. Em decorrência disso, diversas entidades foram admitidas como *amicus curiae*, dentre elas, o Estado do Alabama e o American Bar Association, uma espécie de Ordem dos Advogados do Brasil. Mesmo assim, o resultado do julgamento foi favorável a Bush.

Nos EUA, o procedimento atinente à intervenção do *amicus curiae*, em traços gerais, é este: o interessado deve apresentar o consentimento das partes envolvidas no conflito. Esse consentimento pode ser amplo, compreendendo a prática de todos os atos permitidos ao *amicus curiae*, ou restrito, ficando limitado a certos atos, como a apresentação de memoriais e à formulação de sustentação oral.

No caso de os litigantes se recusarem a autorizar a pessoa a ingressar como *amicus curiae*, esta, ao dirigir-se à Suprema Corte, deverá instruir o seu pedido com os motivos da recusa das partes.

Deve ser dito que a Suprema Corte poderá admitir o *amicus curiae* mesmo contra a vontade das partes demandantes. Tudo dependerá das razões que o *amicus* apresentar à Corte, para justificar o seu interesse em atuar nessa qualidade. Em outras situações, a Corte, antes de admitir o *amicus curiae*, poderá realizar uma audiência com as partes, com a finalidade de obter solução mais apropriada para o incidente.

Sobre a figura do *amicus curiae* pudemos nos manifestar com maior profundidade quando dos comentários ao art. 138 do CPC.

10. Ação direta de inconstitucionalidade por omissão

São objeto da ação de inconstitucionalidade por omissão aquelas normas constitucionais de caráter preceptivo, que asseguram a certos indivíduos ou a certas coletividades determinados direitos, que, no entanto, só poderão atuar de maneira concreta se houver a edição, pelo Poder competente, de norma complementar.

Neste ponto é necessário separarmos a referida ação do mandado de injunção, de que cuida o art. 5º, inciso LXXI, da Constituição. Enquanto a ação direta se destina à defesa da ordem jurídica, o mandado injuntivo tende à proteção de "direito subjetivo constitucional, direito individual ou prerrogativa inerente à nacionalidade, à soberania e à cidadania. A ordem jurídica, objeto da ação direta, tem caráter abstrato; a defesa do direito individual, entretanto, faz-se em concreto" (Mandado de Injunção n. 447-1-DF, rel. Min. Carlos Velloso, Lex, 191:125).

Por outro lado, na ação de injunção, se o órgão jurisdicional que a apreciar reconhecer, em concreto, que a norma constitucional assecuratória de determinado direito é programática, deverá, ele próprio, em virtude do caráter injuntivo do seu pronunciamento, realizar a integração do direito ao ordenamento jurídico, tornando-o, por esse modo, eficaz e exercitável (STF, Mandado de Injunção n. 447-DF, rel. Min. Carlos Velloso, *ibidem*).

O STF vem entendendo, ainda, que na ação direta de inconstitucionalidade por omissão não é possível a concessão de medida liminar (cautelar), ao argumento de que o escopo dessa ação é a notificação à autoridade competente, para que expeça o ato normativo indispensável à atuação do direito assegurado pela Constituição (RSTJ, Lex, 215:41).

Na mencionada ação não será necessária a audiência do Advogado-Geral da União (Const. Federal, 103, § 3º), pois aqui não há nenhum ato, praticado pela legislatura ou pela administração, a ser por ele defendido.

Dispõe o art. 103, § 2º, da Constituição, que "Declarada a inconstitucionalidade por omissão de medida para tornar efetiva norma constitucional, será dada ciência ao Poder competente para a adoção das providências necessárias e, em se tratando de órgão administrativo, para fazê-lo em trinta dias".

Em primeiro lugar, declarada a inconstitucionalidade por omissão, a atuação do STF exaurir-se-á na comunicação ao Poder competente, para que adote as providências que o caso está a exigir. Ao contrário do que ocorre em sede de mandado de injunção, portanto, a Suprema Corte não poderá suprir a omissão do legislador. Em segundo, a Constituição não prevê prazo para que o Poder Legislativo cumpra a decisão do STF. O texto constitucional somente fixou prazo (de trinta dias) para as autoridades administrativas. Logo se percebe que a declaração de inconstitucionalidade, neste caso, é praticamente inútil, pois não se dotou o Supremo Tribunal Federal de nenhum instrumento capaz de constringir o Poder Legislativo a elaborar a norma indispensável à atuação do preceito constitucional. O efeito dessa comunicação ao Legislativo, portanto, parecer mais de caráter moral.

Tratando-se de autoridade administrativa, porém, há possibilidade de o descumprimento da ordem do SFT, no prazo mencionado, configurar ato de improbidade, para os efeitos da Lei n. 8.249/92.

O STF, decidiu não ser possível a conversão de ação direta de inconstitucionalidade (ADI) em ação de inconstitucionalidade por omissão. Todavia, se o equívoco, na propositura da ação, foi, apenas, quanto à terminologia, não vemos, pessoalmente, maiores empecilhos a essa conversão.

11. Ação declaratória de constitucionalidade

Esta ação foi introduzida pela Emenda Constitucional n. 3, de 17 de março de 1993.

Inicialmente, encontram-se legitimados para exercê-la, apenas: o Presidente da República, a Mesa do Senado Federal, a Mesa da Câmara dos Deputados e o Procurador-Geral da República (Const. Fed., art. 103, § 4º). A legitimidade para o exercício da referida ação era, portanto, menos ampla do que a pertinente à ação direta de inconstitucionalidade (*ibidem*, art. 103, I a IX). Posteriormente, contudo, a Emenda Constitucional n. 45/2004: a) deu nova redação ao *caput* do art. 103, da CF, atribuindo legitimidade para o ajuizamento de ação declaratória de constitucionalidade às mesmas pessoas legitimadas ao exercício da ação direta de inconstitucionalidade; b) em razão disso, revogou o § 4º, do art. 103.

O órgão jurisdicional competente para apreciar a ação de constitucionalidade é o Supremo Tribunal Federal.

Os fatos históricos (e políticos, por que não?) estão a revelar que a instituição da ação declaratória de constitucionalidade foi instituída, entre nós, para atender a uma certa conveniência do Governo Federal, nomeadamente de caráter tributário e financeiro. Reforça essa ilação o próprio rol das pessoas ou entidades legitimadas para o exercício da mencionada ação. Com efeito, logo após a atual Constituição entrar a viger, diversas normas tributárias e financeiras de interesse do Governo Central foram por este editadas sob a forma de *medidas provisórias* (Const. Federal, art. 62), fazendo com que as pessoas fossem levadas a questionar, junto aos órgãos jurisdicionais federais, a constitucionalidade de muitos desses atos do Chefe do Poder Executivo. Essa reação popular gerou uma certa insegurança ou apreensão no Governo, quanto à sobrevivência de sua política econômico-financeira, estribada em muitas dessas medidas, máxime porque os juízes passaram a conceder liminares destinadas a suspender a eficácia de tais atos.

Agora, o Presidente da República, e as demais pessoas legitimadas, poderão solicitar ao Supremo Tribunal Federal um pronunciamento acerca da constitucionalidade de lei ou de ato normativo federal, evitando, com isso, que, mais tarde, as pessoas possam questionar, perante qualquer tribunal, a inconstitucionalidade de tais atos.

Não deixa de ser de certa forma curiosa a existência, em nosso sistema, de uma ação declaratória de constitucionalidade, quando se sabe que, especialmente as leis, têm, em seu favor, a *presunção* (ainda que *iuris tantum*) de constitucionalidade, levando-se em conta o rígido procedimento traçado pela Constituição Federal para elaborá-las.

O aspecto mais expressivo da ação de constitucionalidade reside, sem dúvida, no efeito vinculativo da declaração. Como afirma o art. 102, § 2º, da Constituição: "As decisões definitivas de mérito, proferidas pelo Supremo Tribunal Federal, nas ações declaratórias de inconstitucionalidade e nas ações declaratórias de constitucionalidade produzirão eficácia contra todos e efeito vinculante (*sic*), relativamente aos demais órgãos do Poder Judiciário e à administração pública direta e indireta, nas esferas federal, estadual e municipal".

Parece-nos entretanto, ser possível sustentar-se a inconstitucionalidade desse parágrafo, que — repisemos — foi introduzido pela Emenda Constitucional n. 3/93, em face do disposto nos arts. 5º, inciso XXXV, e 60, § 4º, inciso IV, da Constituição, que se traduzem em cláusulas pétreas. Nesse sentido, a opinião de Nelson Nery Júnior e Rosa Maria A. Nery: "É inconstitucional, nessa parte, a EC/93, porque a ADC é lesiva ao disposto na CF art. 5º XXXV. Embora o particular possa dirigir ao Judiciário pretensão de reparação de ofensa a direito seu, na prática isso não ocorre, porque o Judiciário só pode aplicar ao caso concreto o que restou decidido pelo STF. Se o particular alega que determinada lei, declarada constitucional pelo STF, ofende direito seu, o juiz não pode examinar essa lesão de direito, porque já se sabe o único resultado possível do julgamento. Há, portanto, ofensa ao princípio do direito de ação. Em consequência, como a EC/93 restringiu e apequenou garantia fundamental estatuída na CF art. 5º XXXV, é inconstitucional por ferir o CF art. 60 § 4º (cláusula pétrea), já que, conquanto não tenha abolido, foi editada "tendente" a abolir garantia fundamental" (obra cit., p. 131/132).

O STF, no entanto, entende que a ação direta de constitucionalidade sobrevive em nosso sistema, porque a Emenda Constitucional n. 3/93, que a instituiu, é constitucional (Pleno, ADC 1-DF, rel. Min. Moreira Alves, em 27.10.93).

Pensamos que o STF não possa conceder medida *liminar* (cautelar) em ação direta de constitucionalidade, por absoluta falta de previsão do texto da Suprema Carta; esta somente faz referência a medida cautelar ao tratar da ação direta de inconstitucionalidade (art. 102, I, "p").

12. Efeitos da declaração

12.1. Na declaração de inconstitucionalidade

Para logo, é necessário esclarecer que os órgãos jurisdicionais, ao pronunciarem a inconstitucionalidade de lei ou de ato normativo do Poder Público, não fazem com que esses atos fiquem *revogados*. Não compete ao Judiciário revogar textos legais. A declaração de inconstitucionalidade apenas desobriga as pessoas a submeter-se ao comando da lei ou do ato normativo. Tais leis ou atos, como não são revogados por esse pronunciamento da jurisdição, permanecem — na linguagem dos constitucionalistas norte-americanos — *on the books* como "leis mortas" (*a dead laws*).

Com vistas ao exame dos *efeitos* que essa declaração de inconstitucionalidade acarreta no círculo jurídico das pessoas em geral, devemos separar as declarações feitas em caráter *principal* (ação direta) das realizadas em caráter *incidental* (casos concretos).

Principal. Aqui, como asseveramos antes, a declaração de inconstitucionalidade constitui o objeto da própria ação. Somente o Supremo Tribunal Federal possui competência para apreciar essa modalidade de ação (controle concentrado).

Como esse controle é efetuado em abstrato, vale dizer, sem que haja um conflito de interesses (lide), o efeito da declaração é *erga omnes*, a significar, com isso, que repercutirá na esfera jurídica de todas das pessoas em geral, às quais a lei ou o ato normativos inquinados de contrastantes com a Constituição prejudica ou favorece. É o que consta do § 2º, do art. 103, da CF. O seu efeito, portanto, é extraprocessual, porque a declaração é efetuada de maneira abstrata, vale dizer, sem nenhuma vinculação subjetiva.

A modulação. Dispõe a Lei n. 9.868, de 10.11.1999: "Art. 27. Ao declarar a inconstitucionalidade de lei ou ato normativo, e tendo em vista razões de segurança jurídica ou de excepcional interesse social, poderá o Supremo Tribunal Federal, por maioria de dois terços de seus membros, restringir os efeitos daquela declaração ou decidir que ela só tenha eficácia a partir de seu trânsito em julgado ou de outro momento que venha a ser fixado". Cuida-se da denominada *modulação* dos efeitos da decisão. A produção desses efeitos pode ser vinculada ao elemento *temporal*. Pondo à frente os critérios de segurança jurídica ou de excepcional interesse social, o STF poderá fixar a liberação dos efeitos de sua decisão, por exemplo, ao trânsito em julgado desta, ou a tempo futuro, a ser definido. Neste último caso, a norma, mesmo tendo sido declarada inconstitucional, continuará a ser aplicada até que advenha o termo estabelecido pelo STF. Se o STF não fosse legalmente dotado dessa faculdade, os efeitos de sua declaração de inconstitucionalidade poderiam ser catastróficos, pois retroagiriam à data da publicação da lei ou do ato normativo que foram objeto dessa declaração, fazendo instaurar uma colossal insegurança jurídica nas relações entre os indivíduos, entre as coletividades ou entre uns e outros.

Alguns artigos da Lei n. 9.868/1999 – inclusive, o art. 27 – foram objeto das ADIs 2154 e 2258 (apensadas), ajuizadas em 2000, pela Conselho Federal da Ordem dos Advogados do Brasil e outras entidades. Até o momento em que elaborávamos a 3.ª edição deste livro, o Excelso Pretório não havia proferido decisão nessas ações.

Acerca do tema da *modulação* é oportuno transcrevermos este excerto de voto do Ministro Gilmar Mendes, do STF:

> A teoria da nulidade tem sido sustentada por importantes constitucionalistas. Fundada na antiga doutrina americana, segundo a qual 'the inconstitutional statute is not law at all', significativa parcela da doutrina brasileira posicionou-se pela equiparação entre inconstitucionalidade e nulidade. Afirmava-se, em favor dessa tese, que o reconhecimento de qualquer efeito a uma lei inconstitucional importaria na suspensão provisória ou parcial da Constituição. Razões de segurança jurídica podem revelar-se, no entanto, aptas a justificar a não-aplicação do princípio da nulidade da lei inconstitucional. Não há negar, ademais, que aceita a ideia da situação 'ainda constitucional', deverá o Tribunal, se tiver que declarar a inconstitucionalidade da norma, em outro momento fazê-lo com eficácia restritiva ou limitada. Em outros termos, o 'apelo ao legislador' e a declaração de inconstitucionalidade com efeitos limitados ou restritos estão intimamente ligados. Afinal, como admitir, para ficarmos no exemplo de Walter Jellinek, a declaração de inconstitucionalidade total com efeitos retroativos de uma lei eleitoral tempos depois da posse dos novos eleitos em um dado Estado? Nesse caso, adota-se a teoria da nulidade e declara-se inconstitucional e *ipso jure* a lei, com todas as consequências, ainda que dentre elas esteja a eventual acefalia do Estado? Questões semelhantes podem ser suscitadas em torno da inconstitucionalidade de normas orçamentárias. Há de se admitir, também aqui, a aplicação da teoria da nulidade *tout court*? Dúvida semelhante poderia suscitar o pedido de inconstitucionalidade, formulado anos após a promulgação da lei de organização judiciária

que instituiu um número elevado de comarcas, como já se verificou entre nós. Ou, ainda, o caso de declaração de inconstitucionalidade de regime de servidores aplicado por anos sem contestação. Essas questões — e haveria outras igualmente relevantes — parecem suficientes para demonstrar que, sem abandonar a doutrina tradicional da nulidade da lei inconstitucional, é possível e, muitas vezes, inevitável, com base no princípio da segurança jurídica, afastar a incidência do princípio da nulidade em determinadas situações. Não se nega o caráter de princípio constitucional ao princípio da nulidade da lei inconstitucional. Entende-se, porém, que tal princípio não poderá ser aplicado nos casos em que se revelar absolutamente inidôneo para a finalidade perseguida (casos de omissão ou de exclusão de benefício incompatível com o princípio da igualdade), bem como nas hipóteses em que a sua aplicação pudesse trazer danos para o próprio sistema jurídico constitucional (grave ameaça à segurança jurídica)". (RE 364.304-AgR, julgamento em 3.10.06, DJ de 6.11.06).

O STF também adota outros critérios de controle de constitucionalidade, quais sejam: a) interpretação conforme a Constituição; b) declaração parcial de inconstitucionalidade, sem redução de texto.

Incidental. A declaração de inconstitucionalidade, neste caso, é feita em decorrência de um caso concreto, cujo julgamento depende do exame da constitucionalidade, ou não, de determinada lei ou ato normativo em que autor ou réu fundam as suas razões, os seus pedidos (*causa petendi*). A verificação dessa compatibilidade, ou não, ao ato com a Constituição figura, assim, como pressuposto para a entrega da prestação jurisdicional.

Justamente por isso, é que o efeito dessa declaração é intraprocessual, ou seja, não vai além dos limites subjetivos do caso concreto, *sub iudice*. Produz, enfim, essa declaração, coisa julgada somente entre as partes (CPC, art. 506).

12.2. Na declaração de constitucionalidade

Essa espécie de declaração é da competência exclusiva do Supremo Tribunal Federal, sendo realizada em caráter *principal*, porquanto constitui objeto exclusivo da ação. O seu efeito, portanto, é *erga omnes*, bastando argumentar com o disposto no § 2º do art. 102 da Constituição Federal, que fala do efeito "vinculante" dessa declaração.

13. O Senado Federal

Dentre as competências cometidas pelo art. 52 da Constituição da República ao Senado Federal se inclui a de "suspender a execução, no todo ou em parte, de lei declarada inconstitucional por decisão definitiva do Supremo Tribunal Federal" (inciso X).

Tem-se entendido que essa disposição do texto constitucional só se aplica às situações em que o Supremo Tribunal Federal declara a inconstitucionalidade em caráter *incidental*, vale dizer, ao apreciar um *caso concreto*, hipótese em que remeterá o acórdão ao Senado Federal, a fim de que este, mediante resolução, suspenda a execução da lei em todo o território nacional. Sob esse aspecto, sustenta-se que o Senado não está *obrigado* a suspender a execução da norma legal, sendo-lhe *facultado*, em razão disso, exercer um controle *político* da decisão do Excelso Pretório.

Já, o acórdão declaratório da inconstitucionalidade, proferido em *ação direta* não necessita ser encaminhado ao STF, pois, produzindo coisa julgada *erga omnes*, neutraliza, em todo o País, a eficácia da lei contrastante com a Constituição.

Capítulo V

DA HOMOLOGAÇÃO DE DECISÃO ESTRANGEIRA E DA CONCESSÃO DO *EXEQUATUR* À CARTA ROGATÓRIA

1. A matéria, no CPC

Art. 960. A homologação de decisão estrangeira será requerida por ação de homologação de decisão estrangeira, salvo disposição especial em sentido contrário prevista em tratado.

§ 1º A decisão interlocutória estrangeira poderá ser executada no Brasil por meio de carta rogatória.

§ 2º A homologação obedecerá ao que dispuserem os tratados em vigor no Brasil e o Regimento Interno do Superior Tribunal de Justiça.

§ 3º A homologação de decisão arbitral estrangeira obedecerá ao disposto em tratado e em lei, aplicando-se, subsidiariamente, as disposições deste Capítulo.

Caput. Para que a decisão estrangeira tenha eficácia no Brasil deverá ser homologada por meio de ação específica, exceto nos casos de haver disposição especial em tratado de que participe o Brasil. Convêm esclarecer que as sentenças estrangeiras passíveis de homologação no nosso país são aquelas proferidas em situações que configurem a denominada "jurisdição concorrente". Logo, cuidando-se de jurisdição exclusivamente brasileira não se há de cogitar em homologação de sentenças proferidas no estrangeiro.

§ 1º A carta rogatória é o instrumento pelo qual a decisão interlocutória estrangeira poderá ser executada no Brasil.

§ 2º A homologação deverá obedecer ao disposto nos tratados vigentes no Brasil e no regimento interno do STJ.

§ 3º Tratando-se de decisão arbitral estrangeira, a sua homologação será feita de acordo com o contido em tratado e em lei, aplicando-se, em caráter subsidiário, as normas deste Capítulo.

Art. 961. A decisão estrangeira somente terá eficácia no Brasil após a homologação de sentença estrangeira ou a concessão do exequatur às cartas rogatórias, salvo disposição em sentido contrário de lei ou tratado.

§ 1º É passível de homologação a decisão judicial definitiva, bem como a decisão não judicial que, pela lei brasileira, teria natureza jurisdicional.

§ 2º A decisão estrangeira poderá ser homologada parcialmente.

§ 3º A autoridade judiciária brasileira poderá deferir pedidos de urgência e realizar atos de execução provisória no processo de homologação de decisão estrangeira.

§ 4º Haverá homologação de decisão estrangeira para fins de execução fiscal quando prevista em tratado ou em promessa de reciprocidade apresentada à autoridade brasileira.

§ 5º A sentença estrangeira de divórcio consensual produz efeitos no Brasil, independentemente de homologação pelo Superior Tribunal de Justiça.

§ 6º Na hipótese do § 5º, competirá a qualquer juiz examinar a validade da decisão, em caráter principal ou incidental, quando essa questão for suscitada em processo de sua competência.

Caput. Referência: art. 483 do CPC revogado.

Como dissemos no comentário ao art. 960, as decisões proferidas pela justiça de outros países somente terão eficácia no Brasil se previamente homologadas pelo STJ.

O STF tem entendido que as cartas rogatórias passíveis de *exequatur* são as que possuem natureza cientificatória, e não, executiva.

§ 1º A norma esclarece o que se deva entender por decisões: não apenas aquelas judiciais, de natureza definitiva, mas, também, as não judiciais, que, pela lei brasileira, possuem natureza jurisdicional.

§ 2º As sentenças estrangeiras podem ser homologadas somente em parte; é evidente que a parte não homologada não possuirá eficácia no Brasil.

§ 3º Desde que necessário, as autoridades judiciárias brasileiras poderão conceder medidas de urgência, como as previstas nos arts. 300 a 310 do CPC, e realizar atos de execução provisória, nos procedimentos de homologação de decisões estrangeiras.

§ 4º No caso de homologação de decisão estrangeira, para fins de execução fiscal, somente será possível a homologação quando houver previsão em tratado ou promessa de reciprocidade apresentada à autoridade brasileira.

§ 5º A sentença estrangeira de divórcio consensual independe de homologação pelo STJ para produzir efeitos no Brasil.

§ 6º No caso do parágrafo anterior qualquer juiz terá competência para examinar a validade da decisão, em caráter principal ou incidental, desde que essa questão seja suscitada em processo de sua competência.

Art. 962. É passível de execução a decisão estrangeira concessiva de medida de urgência.

§ 1º A execução no Brasil de decisão interlocutória estrangeira concessiva de medida de urgência dar-se-á por carta rogatória.

§ 2º A medida de urgência concedida sem audiência do réu poderá ser executada, desde que garantido o contraditório em momento posterior.

§ 3º O juízo sobre a urgência da medida compete exclusivamente à autoridade jurisdicional prolatora da decisão estrangeira.

§ 4º Quando dispensada a homologação para que a sentença estrangeira produza efeitos no Brasil, a decisão concessiva de medida de urgência dependerá, para produzir efeitos, de ter sua validade expressamente reconhecida pelo juiz competente para dar-lhe cumprimento, dispensada a homologação pelo Superior Tribunal de Justiça.

Caput. A decisão estrangeira concessiva de medida de urgência pode ser executada no Brasil.

§ 1º Tratando-se de decisão interlocutória estrangeira concessiva de medida de urgência, a sua execução será feita por meio de carta rogatória.

§ 2º O fato de a medida de urgência haver sido concedida sem audiência do réu não impede a sua execução, contanto que se garanta o contraditório mais tarde.

§ 3º Compete, com exclusividade à autoridade jurisdicional emissora da decisão estrangeira o juízo sobre a urgência da medida.

§ 4º No caso em que for dispensada a homologação da sentença estrangeira para que produza efeitos no Brasil a decisão que concedeu na medida de urgência dependerá, para gerar efeitos, de ter a sua validade reconhecida, de modo expresso, pelo juiz competente para dar-lhe cumprimento, prescindindo-se de homologação pelo STJ.

Art. 963. Constituem requisitos indispensáveis à homologação da decisão:

I — ser proferida por autoridade competente;

II — ser precedida de citação regular, ainda que verificada a revelia;

III — ser eficaz no país em que foi proferida;

IV — não ofender a coisa julgada brasileira;

V — estar acompanhada de tradução oficial, salvo disposição que a dispense prevista em tratado;

VI — não conter manifesta ofensa à ordem pública.

Parágrafo único. Para a concessão do *exequatur* às cartas rogatórias, observar-se-ão os pressupostos previstos no *caput* deste artigo e no art. 962, § 2º.

Caput. O CPC era omisso sobre o assunto.

A norma estabelece os requisitos indispensáveis à homologação da decisão estrangeira.

Inciso I. Ser proferida por autoridade competente. Para esse efeito, incumbirá ao requerente demonstrar a referida competência, segundo a legislação estrangeira.

Inciso II. Ter havido citação regular, mesmo no caso de revelia. É necessário, pois, que o réu tenha sido cientificado da existência da ação — vindo a apresentar defesa, ou não.

Inciso III. Ser eficaz no país em que foi proferida. É evidente que se a decisão for, por exemplo, nula, segundo a legislação do país cujo órgão judicial a proferiu, não será homologada pelo STJ. Mais uma vez, caberá ao requerente demonstrar a eficácia e a validade da decisão, no país de origem, a ser homologada.

Inciso IV. Não ofender a coisa julgada brasileira. É oportuno lembrar que a Constituição Federal de nosso país determina o respeito à coisa julgada (art. 5º, inciso XXXVI).

Inciso V. A decisão deverá ser acompanhada de tradução oficial, exceto se houver tratado que a dispense. A esse respeito é oportuno recordar a regra inscrita no art. 192 do CPC, conforme o qual somente poderá ser juntado aos autos documento redigido em língua estrangeira quando acompanhado de versão para a língua portuguesa firmada por tradutor juramentado.

Inciso VI. Se a decisão estrangeira implicar manifesta ofensa à ordem pública brasileira, a sua homologação será recusada.

Parágrafo único. A concessão de *exequatur* às cartas rogatórias deverá atender aos requisitos mencionados no *caput* deste artigo, assim como no § 2º, do art. 962.

Art. 964. Não será homologada a decisão estrangeira na hipótese de competência exclusiva da autoridade judiciária brasileira.

Parágrafo único. O dispositivo também se aplica à concessão do *exequatur* à carta rogatória.

Caput. Não havia norma correspondente no CPC revogado.

O STJ recusará homologação à decisão estrangeira quando a matéria nela contida for da competência exclusiva da autoridade judiciária brasileira.

Parágrafo único. A mesma disposição se aplica à concessão de *exequatur* à carta rogatória.

Art. 965. O cumprimento de decisão estrangeira far-se-á perante o juízo federal competente, a requerimento da parte, conforme as normas estabelecidas para o cumprimento de decisão nacional.

Parágrafo único. O pedido de execução deverá ser instruído com cópia autenticada da decisão homologatória ou do *exequatur*, conforme o caso

Caput. Homologada a sentença estrangeira, o seu cumprimento será efetuado no juízo federal competente, a requerimento da parte, segundo dispuserem as normas estabelecidas para o cumprimento de decisão nacional.

Parágrafo único. A parte deverá instruir o pedido de execução com cópia autenticada da decisão homologatória ou do *exequatur*, conforme seja o caso.

Capítulo VI

Do incidente de resolução de demandas repetitivas

1. A matéria, no CPC

Art. 976. É cabível a instauração do incidente de resolução de demandas repetitivas quando houver, simultaneamente:

I — efetiva repetição de processos que contenham controvérsia sobre a mesma questão unicamente de direito;

II — risco de ofensa à isonomia e à segurança jurídica.

§ 1º A desistência ou o abandono do processo não impede o exame de mérito do incidente.

§ 2º Se não for o requerente, o Ministério Público intervirá obrigatoriamente no incidente e deverá assumir sua titularidade em caso de desistência ou de abandono.

§ 3º A inadmissão do incidente de resolução de demandas repetitivas por ausência de qualquer de seus pressupostos de admissibilidade não impede que, uma vez satisfeito o requisito, seja o incidente novamente suscitado.

§ 4º É incabível o incidente de resolução de demandas repetitivas quando um dos tribunais superiores, no âmbito de sua respectiva competência, já tiver afetado recurso para definição de tese sobre questão de direito material ou processual repetitiva.

§ 5º Não serão exigidas custas processuais no incidente de resolução de demandas repetitivas

Caput. O incidente de resolução de demandas repetitivas constitui, entre nós, expressiva inovação trazida pelo CPC de 2015. Cuida-se de um incidente de coletivização de ações. Esse incidente inspirou-se no direito alemão (*Musterverfahren*). Naquele país, ocorreu, em certa época, um congestionamento de processos nos tribunais, em decorrência do ajuizamento de mais de treze mil ações pelos investidores do mercado de capitais, que se sentiram prejudicados ao adquirem ações de certa companhia. Essas demandas repetitivas influenciaram o direito alemão na adoção de julgamentos coletivos.

Segundo Rodolfo de Camargo Mancuso, "Desde o último quartel do século passado foi tomando vulto o fenômeno da 'coletivização' dos conflitos, à medida que, paralelamente, se foi reconhecendo a inaptidão do processo civil clássico para instrumentalizar essas mega controvérsias, própria de uma sociedade conflitiva de massas. Isso explica a proliferação de ações de cunho coletivo, tanto na Constituição Federal (arts. 5º, XXI, LXX, 'b', LXXIII; 129, III), como na legislação processual extravagante, empolgando segmentos sociais de largo espectro: consumidores, infância e juventude; deficientes físicos; investidores no mercado de capitais; idosos; torcedores de modalidades desportivas etc. Logo se tornou evidente (e premente) a necessidade da oferta de novos instrumentos capazes de recepcionar esses conflitos assim potencializado, seja em função do número expressivo (ou mesmo indeterminado) dos sujeitos concernentes, seja em função de indivisibilidade do objeto litigioso, que o torna insuscetível de partição e fruição por um titular exclusivo" (*A resolução de conflitos e a função judicial no contemporâneo estado de direito*. São Paulo: Revista dos Tribunais, 2009. p. 379/380).

O incidente previsto no art. 976 do CPC de 2015 não se confunde com o de resolução de demandas repetitivas, de que tratava o art. 285-A, do Código de 1973, assim redigido: "Quando a matéria controvertida for unicamente de direito e no juízo já houver sido proferido sentença de total improcedência em outros casos idênticos, poderá ser dispensada a citação e proferida sentença, reproduzindo-se o teor da anteriormente prolatada".

Podemos dizer que o incidente de resolução de demandas repetitivas, previsto nos arts. 976 a 987 do novo CPC, teve como origem remota o incidente de uniformização de jurisprudência, regido pelos arts. 476 a 479 do CPC de 1973, que foi eliminado pelo Código de 2015.

A técnica de julgamento de casos repetitivos, que no CPC de 1973 era atribuída apenas aos Tribunais Superiores; agora pode ser adotada por Tribunais Federais e Estaduais.

Os pressupostos do incidente de que se ocupa o art. 976 são: a) a efetiva repetição de processos que consubstanciem controvérsias acerca da mesma questão exclusivamente de direito. Ao aludir à "efetiva repetição de processos" a norma deixa claro que: a.a.) não basta a existência de um só processo contendo questão de direito controvertida; a.b.) não se admite o incidente diante de simples possibilidade de vir a existir controvérsia em processos distintos; a controvérsia deve ser real, concreta. Quando se fala em *questão de direito* se está a dizer que, para a solução da lide, não há necessidade de serem *investigados* os fatos da causa, conquanto estes, em muitos casos, não devam ser ignorados. Questões *exclusivamente* de direito são raras, pois, quase sempre, estão vinculadas a uma situação de fato subjacente. Questões exclusivamente de direito existem, por exemplo, no controle da constitucionalidade, nos recursos de embargos e de revista, na Justiça do Trabalho; b) o risco de ofensa à isonomia e à segurança jurídica (incisos I e II do art. 976). Esses dois pressupostos devem ser *simultâneos*, como evidencia o texto legal.

Esquematicamente, comparando-se os *pressupostos* do incidente de resolução de demandas repetitivas com os da assunção de competência, temos o seguinte:

1. *Assunção de competência* (art. 947):

a) relevante questão de direito, com grande repercussão social;

b) sem necessidade de controvérsia sobre o tema;

c) sem repetição em múltiplos processos.

2. *Incidente de resolução de demandas repetitivas* (art. 976):

a) efetiva repetição de processos;

b) contendo controvérsia sobre a mesma questão de direito;

c) com risco de ofensa à isonomia ou à segurança jurídica.

Ao preparar-se para elaborar o art. 976 do CPC, legislador teve diante de si dois princípios antagônicos: a) de um lado, o da livre formação do convencimento jurídico do magistrado a respeito dos temas submetidos à sua apreciação; b) de outro, a necessidade de preservar-se a isonomia e de conceder-se segurança jurídica aos jurisdicionados. Optou pelo último, com sacrifício do primeiro. Na verdade, esses dois princípios fazem parte de uma mesma moeda: tudo depende do lado pelo qual sejam vistos. Do ponto de vista da magistratura, é provável que se receba o incidente de resolução de demandas repetitivas como uma violência à liberdade intelectual dos juízes; sob a perspectiva dos jurisdicionados, é razoável imaginar que o incidente seja acolhido com elogios. A nosso ver, no confronto dessas duas posições doutrinais ou desses dois princípios, a prevalência deve ser da necessidade de asseguração da isonomia e a segurança jurídica. Em um Estado de Direito, ou *Estado Judicial* (Jellineck), como é o caso do Brasil, os indivíduos e as coletividades têm "apetite de segurança", para fazermos uso da expressão de Paul Durand. A excessiva dispersão da jurisprudência acarreta insegurança jurídica a todos e instabilidade nas relações sociais. Ao interesse particular do magistrado, portanto, deve sobrepor-se o interesse público.

O que se diz na ópera *Rigoletto*, de Giuseppe Verdi: *La donna è mobile. Qual piuma al vento, muta d'accento e di pensiero (A mulher é volúvel. Como pluma ao vento, muda de ênfase e de pensamento)* bem poderia ser aplicado à jurisprudência brasileira, extremamente instável. Se é certo que essa instabilidade gera insegurança jurídica no espírito dos jurisdicionados, não menos verdadeiro é que a estabilidade atrasa a evolução do direito. Essas são duas situações contrapostas, que o legislador não pode deixar de considerar para efeito de edição de normas que imponham o acatamento à jurisprudência.

Certo setor da doutrina, contudo, tem considerado inconstitucional o art. 926 do CPC pelas seguintes razões: a) ofende a independência funcional dos juízes e a separação funcional dos Poderes do Estado; b) ofende o princípio constitucional do contraditório CF, art. 5º, LV), uma vez que não há previsão para que o jurisdicionado possa optar por ser excluído do incidente; c) ofende a garantia do direito de ação (CF, art. 5º, XXXV); d) ofende o sistema constitucional dos juizados especiais, porquanto prevê a vinculação desses juizados à decisão proferida no incidente, sendo que inexiste vínculo de subordinação entre os juizados especiais e o TRJ ou os Tribunais de Justiça (ABBOUD, Georges; CAVALCANTI, Marcos de Araújo. *Inconstitucionalidade do incidente de resolução de demandas repetitivas*, RP, p. 240/241).

Uma indagação inevitável: o incidente de resolução de demandas repetitivas é compatível com o processo do trabalho?

Se considerarmos os seus objetivos essenciais, quais sejam: a) tornar mais célere a prestação jurisdicional; b) descongestionar os órgãos da jurisdição; c) uniformizar o entendimento, na jurisdição do tribunal, a respeito de determinada tese jurídica controvertida em diversas causas, com obrigatoriedade de aplicação a todos os processos, atuais ou futuros, que versarem idêntica *quaestio iuris*, seremos levados a responder de modo afirmativo à indagação formulada.

§ 1º O fato de a parte desistir do processo ou abandoná-lo não impedirá o exame do mérito do incidente, pois os escopos de isonomia e de segurança jurídica estão vinculados ao interesse público. Há, aqui, portanto, exceção à regra do art. 483, II, III e VIII, do CPC.

§ 2º Se houver desistência ou abandono do processo pela parte, o Ministério estará obrigado a intervir no incidente e assumir a sua titularidade. Não se cuida aqui de uma sucessão processual, pois o Ministério Público não se tornará parte, no sentido técnico, senão que atuará na qualidade estrita de titular do incidente.

§ 3º Pode ocorrer de o incidente de resolução de demandas repetitivas vir a ser suscitado sem que esteja presente um dos pressupostos mencionados nos incisos I e II do art. 976. Como consequência, o incidente será extinto. Isto não significa, porém, que não possa vir a ser suscitado, novamente, no mesmo processo. Poderá sê-lo, desde que, desta feita, fiquem atendidos os sobreditos pressupostos legais.

§ 4º O incidente do qual estamos a ocupar-nos não será cabível quando um dos tribunais superiores, no âmbito de sua competência, houver afetado recurso para definição de tese sobre questão de direito material ou processual repetitiva. É o caso, na Justiça do Trabalho, do incidente de resolução de recursos de revista repetitivos, de que trata o art. 896-C, da CLT.

§ 5º Inexistem custas no incidente de resolução de demandas repetitivas.

Art. 977. O pedido de instauração do incidente será dirigido ao presidente de tribunal:

I — pelo juiz ou relator, por ofício;

II — pelas partes, por petição;

III — pelo Ministério Público ou pela Defensoria Pública, por petição.

Parágrafo único. O ofício ou a petição será instruído com os documentos necessários à demonstração do preenchimento dos pressupostos para a instauração do incidente.

Caput. A norma indica, nos incisos I a III, as pessoas legitimadas para suscitar o incidente.

Inciso I. O juiz de primeiro grau ou o relator, mediante ofício;

Inciso II. As partes, por meio de petição;

Inciso III. O Ministério Público ou a Defensoria Pública, também por petição. A referência à Defensoria Pública somente pode ter decorrido de uma preocupação aclaradora por parte do legislador, pois essa Defensoria, quando atua em juízo, o faz na qualidade de *parte.*

Embora seja raro, pode ocorrer de o incidente de resolução de demandas repetitivas ser instaurado, a um só tempo, pelo juiz, *ex officio,* ou a pedido do Ministério Público ou das partes, tendo como núcleo matérias distintas. Diante disso, o ofício do juiz e as petições do *Parquet* e das partes deverão ser processados e encaminhados ao tribunal competente, para julgamento e fixação das respectivas teses.

Parágrafo único. Independentemente de quem formule o pedido de instauração do incidente, deverá instruir o ofício ou a petição com documentos que demonstrem o atendimento aos pressupostos exigidos por lei. Seja num caso, seja em outro, o presidente do tribunal, antes de rejeitar o ofício, ou indeferir a petição inicial, deverá, nos termos do art. 321, do CPC, fixar o prazo de quinze dias para que aquele que suscitou o incidente supra a falta, demonstrando o preenchimento dos pressupostos legais referentes à instauração do incidente.

Art. 978. O julgamento do incidente caberá ao órgão indicado pelo regimento interno dentre aqueles responsáveis pela uniformização de jurisprudência do tribunal.

Parágrafo único. O órgão colegiado incumbido de julgar o incidente e de fixar a tese jurídica julgará igualmente o recurso, a remessa necessária ou o processo de competência originária de onde se originou o incidente.

Caput. O incidente de resolução de demandas repetitivas pressupõe a existência de recurso a ser julgado pelo tribunal. Formulado o pedido de instauração do incidente por pessoa legalmente legitimada, incumbirá ao presidente do tribunal verificar se estão presentes ou pressupostos legais, ou seja, exercer o juízo de admissibilidade do incidente. Admitido que seja, o julgamento do incidente será efetuado pelo órgão previsto na norma *interna corporis* do tribunal dentre aqueles aos quais compete a uniformização da jurisprudência.

Parágrafo único. O órgão colegiado deverá realizar um segundo exame de admissibilidade do incidente, pois o anteriormente efetuado pelo presidente do tribunal não tem efeito vinculativo do referido órgão. Admitido, o incidente será julgado, devendo o órgão fixar a tese a ser observada. O mesmo colegiado julgará o recurso, a remessa ou o processo de competência originária que deu origem ao incidente. O colegiado não se limitará, portanto, a julgar apenas o incidente, mas, também, o caso concreto em que foi suscitado o incidente.

Art. 979. A instauração e o julgamento do incidente serão sucedidos da mais ampla e específica divulgação e publicidade, por meio de registro eletrônico no Conselho Nacional de Justiça.

§ 1º Os tribunais manterão banco eletrônico de dados atualizados com informações específicas sobre questões de direito submetidas ao incidente, comunicando-o imediatamente ao Conselho Nacional de Justiça para inclusão no cadastro.

§ 2º Para possibilitar a identificação dos processos abrangidos pela decisão do incidente, o registro eletrônico das teses jurídicas constantes do cadastro conterá, no mínimo, os fundamentos determinantes da decisão e os dispositivos normativos a ela relacionados.

§ 3º Aplica-se o disposto neste artigo ao julgamento de recursos repetitivos e da repercussão geral em recurso extraordinário.

Caput. A instauração e o julgamento do incidente de resolução de demandas repetitivas deve ser precedido da mais ampla e específica divulgação e publicidade, mediante o registro eletrônico no Conselho Nacional de Justiça. Essa providência se justifica em virtude do interesse público envolvido no incidente.

§ 1º Caberá aos tribunais manter banco eletrônico de dados atualizados com informações específicas acerca das questões de direito submetidas ao incidente, comunicando-o, de imediato, CNJ para inclusão no cadastro.

§ 2º Visando a possibilitar a identificação dos processos abrangidos pela decisão do incidente, a norma determina que o registro eletrônico das teses jurídicas contidas no cadastro conterá, pelo menos, os fundamentos da decisão e os correspondentes dispositivos normativos.

§ 3º As disposições desse artigo são aplicáveis ao julgamento de recursos repetitivos e da repercussão geral em recurso extraordinário.

Art. 980. O incidente será julgado no prazo de 1 (um) ano e terá preferência sobre os demais feitos, ressalvados os que envolvam réu preso e os pedidos de *habeas corpus*.

Parágrafo único. Superado o prazo previsto no *caput*, cessa a suspensão dos processos prevista no art. 982, salvo decisão fundamentada do relator em sentido contrário.

Caput. O incidente deverá ser julgado no prazo de um ano, tendo preferência sobre os demais processos, exceto os que envolverem réu preso e pedido de *habeas corpus*. Na verdade, a norma legal disse menos do que deveria, pois também terão preferência em relação ao incidente de resolução de demandas repetitivas os processos nos quais figure como parte ou interessada pessoa com idade igual ou superior a sessenta anos ou portadora de doença grave, assim como as compreendidas pelo Estatuto da Criança e do Adolescente, nos termos do art. 1.048, do CPC, e, quanto aos idosos o contido no art. 71, da Lei n. 10.741, de 1º de outubro de 2003, que instituiu o Estatuto do Idoso.

Parágrafo único. Ultrapassado o prazo de um ano, sem que o incidente tenha sido julgado, cessará a suspensão dos processos prevista no art. 982, exceto se houver decisão fundamentada do relator em sentido oposto. O fato de cessar a suspensão dos processos não significa que o julgamento do incidente ficará prejudicado. O incidente deverá ser julgado, embora o decurso do prazo de um ano faça com que cesse a suspensão dos processos que serão atingidos pelo julgamento do incidente. Em nome não somente dos princípios constitucionais da celeridade e da razoável duração do processo, os tribunais deverão empenhar-se em realizar o julgamento do incidente dentro do prazo de um ano, sob pena de acarretarem perturbadora insegurança jurídica no espírito dos jurisdicionados, caso a suspensão dos processos cesse, mas estes sejam julgados segundo o entendimento de cada tribunal ou de cada órgão fracionários dos tribunais.

Art. 981. Após a distribuição, o órgão colegiado competente para julgar o incidente procederá ao seu juízo de admissibilidade, considerando a presença dos pressupostos do art. 976.

Realizada a distribuição, o órgão colegiado dotado de competência para julgar o incidente procederá ao juízo de admissibilidade, vale dizer, verificará se estão presentes no caso concreto os pressupostos do art. 976, a saber: a) efetiva repetição de processos contendo controvérsia sobre a mesma matéria de direito; b) risco de ofensa à isonomia e à segurança jurídica.

Como a norma legal faz referência ao *órgão colegiado*, fica evidente que o juízo de admissibilidade do incidente não poderá ser monocrático, unipessoal.

Art. 982. Admitido o incidente, o relator:

I — suspenderá os processos pendentes, individuais ou coletivos, que tramitam no Estado ou na região, conforme o caso;

II — poderá requisitar informações a órgãos em cujo juízo tramita processo no qual se discute o objeto do incidente, que as prestarão no prazo de 15 (quinze) dias;

III — intimará o Ministério Público para, querendo, manifestar-se no prazo de 15 (quinze) dias.

§ 1º A suspensão será comunicada aos órgãos jurisdicionais competentes.

§ 2º Durante a suspensão, o pedido de tutela de urgência deverá ser dirigido ao juízo onde tramita o processo suspenso.

§ 3º Visando à garantia da segurança jurídica, qualquer legitimado mencionado no art. 977, incisos II e III, poderá requerer, ao tribunal competente para conhecer do recurso extraordinário ou especial, a suspensão de todos os processos individuais ou coletivos em curso no território nacional que versem sobre a questão objeto do incidente já instaurado.

§ 4º Independentemente dos limites da competência territorial, a parte no processo em curso no qual se discuta a mesma questão objeto do incidente é legitimada para requerer a providência prevista no § 3º deste artigo.

§ 5º Cessa a suspensão a que se refere o inciso I do *caput* deste artigo se não for interposto recurso especial ou recurso extraordinário contra a decisão proferida no incidente.

Caput. O texto indica o procedimento a ser observado pelo relator, após admitir o incidente.

Inciso I. Suspenderá os processos pendentes, individuais ou coletivos que tramitam no Estado ou na região, conforme o caso. Esclareça-se que esses processos devem versar sobre a mesma questão de direito que é objeto do incidente;

Inciso II. Poderá requisitar informações a órgãos em cujo juízo tramita processo no qual se discute a mesma *quaestio iuris*. Essas informações deverão ser prestadas no prazo de quinze dias. Cuida-se de *faculdade*, e não, de *dever* do relator a solicitação dessas informações. Haverá casos em que essas informações serão dispensáveis, pois o processo-paradigma conterá todos os dados necessários ao julgamento do incidente.

Inciso III. Intimará o Ministério Público para manifestar-se, se assim desejar, na qualidade de fiscal da lei, no prazo de quinze dias. Entendemos que mesmo no caso de o Ministério Público ser o autor do pedido de instauração do incidente ele deverá ser ouvido na qualidade de *custos legis*.

§ 1º Suspensos os processos, o fato será comunicado aos órgãos jurisdicionais competentes. A comunicação aos órgãos jurisdicionais, em cujo âmbito tramitavam os processos suspensos, se destina, entre outras coisas, a fazer com que esses órgãos, por sua vez, intimem as partes a respeito da suspensão.

§ 2º Durante o período de suspensão dos processos, o pedido de tutela de urgência deverá ser encaminhado ao juízo no qual tramita o processo suspenso. Note-se que a norma se refere apenas à tutela de urgência, e não, à da evidência.

§ 3º Tendo como finalidade a garantia da segurança jurídica, qualquer pessoa mencionada no art. 977, incisos I e III, poderá requerer, ao tribunal competente para conhecer do recurso extraordinário ou especial, a suspensão de todos os processos individuais ou coletivos em trâmite no território nacional, nos quais se discuta a mesma questão de direito objeto do incidente instaurado. Esse requerimento visa a tornar efetivo o pressuposto de isonomia e de segurança jurídica, porquanto, suspensos os processos, a decisão do incidente será aplicável ao todo o território do País.

§ 4º A providência referida no § 3º pode ser requerida pela parte, independentemente dos limites da competência territorial do juízo. Enquanto, para efeito de instauração *ordinária* do incidente, são legitimados o juiz ou relator, as partes e o Ministério Público (art. 977, *caput*), para efeito de suscitação, digamos, *extraordinária* a legitimidade é somente da parte (art. 982, § 4.º).

§ 5º Se não for interposto recurso especial ou extraordinário contra a decisão emitida no incidente, cessará a suspensão dos processos prevista no inciso I deste artigo. O outro caso de cessação da suspensão dos processos se dá quando exaurido o prazo de um ano, sem que o incidente tenha sido julgado (art. 980, parágrafo único).

Art. 983. O relator ouvirá as partes e os demais interessados, inclusive pessoas, órgãos e entidades com interesse na controvérsia, que, no prazo comum de 15 (quinze) dias, poderão requerer a juntada de documentos, bem como as diligências necessárias para a elucidação da questão de direito controvertida, e, em seguida, manifestar-se-á o Ministério Público, no mesmo prazo.

§ 1º Para instruir o incidente, o relator poderá designar data para, em audiência pública, ouvir depoimentos de pessoas com experiência e conhecimento na matéria.

§ 2º Concluídas as diligências, o relator solicitará dia para o julgamento do incidente.

Caput. O julgador deverá ouvir as partes e as demais pessoas interessadas na controvérsia, aí incluídos órgãos e entidades, assim como eventual *amicus curiae*. No prazo comum de quinze dias, essas pessoas, órgãos e entidades poderão requerer a juntada de documentos e a realização de diligências que forem necessárias para elucidar a questão de direito controvertida. Em seguida, o Ministério Público se manifestará no mesmo prazo.

§ 1º Na instrução do incidente o relator poderá designar data para a realização de audiência pública, na qual ouvirá depoimento de pessoas com experiência e conhecimento da matéria que dá conteúdo ao incidente. A situação prevista no *caput* não se confunde com a do § 1º do mesmo artigo: lá, as pessoas interessadas na controvérsia podem requerer a juntada de documentos e a realização de diligências; aqui, pessoas que tenham experiência e conhecimento da matéria debatida nos autos prestarão depoimento, em audiência pública. A despeito dessa dessemelhança, as duas situações podem ocorrer em um mesmo caso concreto (processo paradigma ou originário).

§ 2º Encerradas as diligências, cumprirá ao relator solicitar dia para o julgamento do incidente.

Art. 984. No julgamento do incidente, observar-se-á a seguinte ordem:

I — o relator fará a exposição do objeto do incidente;

II — poderão sustentar suas razões, sucessivamente:

a) o autor e o réu do processo originário e o Ministério Público, pelo prazo de 30 (trinta) minutos;

b) os demais interessados, no prazo de 30 (trinta) minutos, divididos entre todos, sendo exigida inscrição com 2 (dois) dias de antecedência.

§ 1º Considerando o número de inscritos, o prazo poderá ser ampliado.

§ 2º O conteúdo do acórdão abrangerá a análise de todos os fundamentos suscitados concernentes à tese jurídica discutida, sejam favoráveis ou contrários.

Caput. O preceptivo legal em exame indica a ordem a ser observada no julgamento do incidente.

Inciso I. Inicialmente, o relator fará a exposição detalhada do objeto do incidente, ou seja, da questão de direito controvertida;

Inciso II. Em seguida, dará a palavra para a sustentação oral, sucessivamente:

a) ao autor e ao réu do processo originário, assim como ao Ministério Público pelo prazo de trinta minutos;

b) aos demais interessados também por trinta minutos, divididos entre todos. Para isso, deverão inscrever-se com dois dias de antecedência.

Da interpretação sistemática das alíneas "a" e "b", do inciso I, do art. 984, conclui-se que: a) tanto o autor e o réu, como o Ministério Público, terão, *cada*, o prazo de trinta minutos para apresentarem razões finais; b) tratando-se dos *demais interessados*, o prazo de trinta minutos será distribuído entre eles.

§ 1º Levando em conta o número de inscritos, o presidente da sessão de julgamento poderá ampliar o prazo para a sustentação oral. Em princípio, a ampliação do prazo somente se justifica em relação aos *demais interessados*, porquanto o prazo, entre eles, é dividido – ao contrário do autor, do réu e do Ministério Público, que possuem, individualmente, o prazo de trinta minutos para as razões finais. Nada obsta, entretanto, que, em determinadas situações, o prazo seja ampliado para o autor e para o réu, como nos casos de litisconsórcios ativos ou passivos numerosos (multitudinários).

§ 2º O acórdão, em seu conteúdo, deverá compreender a análise de todos os fundamentos suscitados em relação à tese jurídica discutida, sejam esses fundamentos favoráveis ou contrários. Deixando o acórdão de proceder ao exame de *todos* esses fundamentos, estará abrindo oportunidade para o oferecimento de embargos declaratórios, por omissão (CLT, art. 897-A, *caput;* CPC, art. 1.022, II).

Art. 985. Julgado o incidente, a tese jurídica será aplicada:

I — a todos os processos individuais ou coletivos que versem sobre idêntica questão de direito e que tramitem na área de jurisdição do respectivo tribunal, inclusive àqueles que tramitem nos juizados especiais do respectivo Estado ou região;

II — aos casos futuros que versem idêntica questão de direito e que venham a tramitar no território de competência do tribunal, salvo revisão na forma do art. 986.

§ 1º Não observada a tese adotada no incidente, caberá reclamação.

§ 2º Se o incidente tiver por objeto questão relativa a prestação de serviço concedido, permitido ou autorizado, o resultado do julgamento será comunicado ao órgão, ao ente ou à agência reguladora competente para fiscalização da efetiva aplicação, por parte dos entes sujeitos a regulação, da tese adotada.

Caput. Realizado o julgamento do incidente, a tese jurídica fixada deverá ser observada nos casos mencionados nos incisos I e II. Trata-se, assim, de uma vinculação compulsória. Diante disso, temos profunda dúvida quanto à constitucionalidade do texto legal em exame. Repitamos aqui os argumentos que utilizamos nos comentários ao art. 927 do mesmo Código: somente as denominadas *súmulas vinculativas*, oriundas do STF, podem ter *efeito vinculativo* em relação aos demais órgãos do Poder Judiciário. E isso somente se tornou possível por força do expressamente disposto no art. 103-A, da Constituição da República. O que estamos a argumentar, portanto, é que somente a Constituição Federal pode autorizar um tribunal a adotar súmula ou construção jurisprudencial vinculativa dos outros órgãos integrantes do Poder Judiciário brasileiro, ou normas de caráter genérico, abstrato, impositivas. No caso dos arts. 927, incisos III a V, e 985, não há *permissão constitucional* para autorizá-lo a *exigir observância*, por parte de juízes e tribunais, do disposto nos incisos III a V. Uma coisa é a norma infraconstitucional pretender uniformizar a jurisprudência dos tribunais, e, outra, *impor*, de modo geral, o *acatamento* a essa jurisprudência.

Inciso I. A tese jurídica adotada no julgamento do incidente de resolução de demandas repetitivas será aplicada também a todos os processos individuais ou coletivos nos quais se discuta idêntica questão de direito e que tramitem na área de jurisdição do respectivo tribunal, inclusos os que se encontrem em curso nos juizados especiais do respectivo Estado ou região. Cumprirá à parte interessada demonstrar que o processo de que ela participa não versa sobre questão de direito idêntica à do processo paradigma. É o *distinguishing*, que consiste, pois, no afastamento da tese jurídica em relação a determinado caso concreto, em decorrência da diversidade das questões jurídicas tratadas neste caso e no paradigmático ou originário.

Inciso II. A tese será aplicada, de igual modo, aos casos futuros, desde que estes: a) versem idêntica *quaestio iuris;* b) venham a tramitar no território de competência do tribunal, exceto se houver revisão da tese jurídica, nos termos do art. 986.

§ 1º O desrespeito à observância da tese adotada no incidente ensejará reclamação, destinada a garantir a autoridade da decisão do tribunal (art. 988, II). Sobre a figura da reclamação iremos nos manifestar quando do exame dos arts. 988 a 993.

§ 2º No caso de o incidente tiver por objeto questão pertinente à prestação de serviço concedido, permitido ou autorizado o resultado do julgamento será comunicado ao órgão, ao ente ou à agência reguladora competente para fiscalizar a efetiva aplicação da tese por parte dos entes sujeitos a regulação.

Art. 986. A revisão da tese jurídica firmada no incidente far-se-á pelo mesmo tribunal, de ofício ou mediante requerimento dos legitimados mencionados no art. 977, inciso III.

A tese fixada no julgamento do incidente de resolução de demandas repetitivas não é definitiva, podendo ser revista, de ofício ou mediante requerimento das pessoas mencionadas no art. 977, III. É o *overruling*, ou seja, a superação de uma tese ou de um precedente. Em nome da segurança jurídica, pensamos que essa revisão não deveria ocorrer, simplesmente, por ter havido alteração na composição do tribunal, e sim, por que houve expressiva modificação das razões sociais, políticas, econômicas, etc., que determinaram a fixação da tese que se deseja rever. Caberá ao regimento interno do tribunal definir os casos que comportarão a revisão da tese. Em que pese ao fato de a norma ser omissa, entendemos que a revisão da tese deverá se submeter, no que couber, ao procedimento estabelecido pelos arts. 982 e 983 – exceto quanto à suspensão dos processos – para a adoção de tese.

Art. 987. Do julgamento do mérito do incidente caberá recurso extraordinário ou especial, conforme o caso.

§ 1º O recurso tem efeito suspensivo, presumindo-se a repercussão geral de questão constitucional eventualmente discutida.

§ 2º Apreciado o mérito do recurso, a tese jurídica adotada pelo Supremo Tribunal Federal ou pelo Superior Tribunal de Justiça será aplicada no território nacional a todos os processos individuais ou coletivos que versem sobre idêntica questão de direito.

Caput. O acórdão proferido no julgamento do mérito do incidente poderá ser impugnado mediante recurso especial ou extraordinário, conforme seja o caso, desde que satisfeitos os respectivos pressupostos legais. Com vistas a isso, deverão ser oferecidos embargos de declaração, para prequestionar o tema (TST, Súmula n. 297).

§ 1º O recurso terá efeito suspensivo. Presume-se a repercussão geral de questão constitucional eventualmente discutida na causa. Revela-se razoável essa presunção de repercussão geral, considerando-se a relevância da matéria apreciada no incidente de resolução de demandas repetitivas. Trata-se, pois, de uma exceção à regra do art. 1.035, § 2.º, do CPC, exigente de que o recorrente *demonstre* a existência de repercussão geral.

§ 2º Julgado o mérito do recurso, a tese jurídica fixada pelo STF ou pelo STJ será aplicada no território nacional a todos os processos individuais ou coletivos que contenham idêntica questão de direito.

Capítulo VII

Da reclamação

1. A matéria, no CPC

Art. 988. Caberá reclamação da parte interessada ou do Ministério Público para:

I — preservar a competência do tribunal;

II — garantir a autoridade das decisões do tribunal;

III — garantir a observância de enunciado de súmula vinculante e de decisão do Supremo Tribunal Federal em controle concentrado de constitucionalidade;

IV – garantir a observância de acórdão proferido em julgamento de incidente de resolução de demandas repetitivas ou de incidente de assunção de competência;

§ 1º A reclamação pode ser proposta perante qualquer tribunal, e seu julgamento compete ao órgão jurisdicional cuja competência se busca preservar ou cuja autoridade se pretenda garantir.

§ 2º A reclamação deverá ser instruída com prova documental e dirigida ao presidente do tribunal.

§ 3º Assim que recebida, a reclamação será autuada e distribuída ao relator do processo principal, sempre que possível.

§ 4º As hipóteses dos incisos III e IV compreendem a aplicação indevida da tese jurídica e sua não aplicação aos casos que a ela correspondam.

§ 5º É inadmissível a reclamação:

I – proposta após o trânsito em julgado da decisão reclamada;

II – proposta para garantir a observância de acórdão de recurso extraordinário com repercussão geral reconhecida ou de acórdão proferido em julgamento de recursos extraordinário ou especial repetitivos, quando não esgotadas as instâncias ordinárias.

§ 6º A inadmissibilidade ou o julgamento do recurso interposto contra a decisão proferida pelo órgão reclamado não prejudica a reclamação.

Caput. A reclamação se destina, em termos gerais, a preservar a competência do tribunal e a garantir a autoridade das suas decisões. Não se confunde com a *reclamação correcional* (ou correição parcial), figura que visa a fazer com que o corregedor corrija os *errores in procedendo* dos magistrados situados em grau hierarquicamente inferior. Esses erros consistem, basicamente, na inversão tumultuária dos atos do procedimento, como quando o juiz realiza a instrução antes do oferecimento da contestação, ou manda apresentar razões finais antes da instrução.

A *reclamação* era prevista no regimento interno do TST. O STF, todavia, no julgamento do Recurso Extraordinário n. 405.031-AL, realizado em 15.10.2008 (acórdão publicado em 16.4.2009), sendo Relator o Ministro Marco Aurélio, declarou inconstitucionais essas normas regimentais, por entender que somente mediante *lei* é que se poderia instituir a figura da Reclamação no âmbito do TST.

Esta é a ementa do acórdão:

RECLAMAÇÃO — REGÊNCIA — REGIMENTO INTERNO — IMPROPRIEDADE. A criação de instrumento processual mediante regimento interno discrepa da Constituição Federal . Considerações sobre a matéria e do atropelo da dinâmica e organicidade próprias ao Direito.

Posteriormente, o TST, por seu Tribunal Pleno, editou o Ato Regimental n. 2, de 15 de setembro de 2011 (DEJT de 16 do mesmo mês e ano), revogando os arts. 69, I, "a", e 196 a 200, do seu Regimento Interno, que disciplinavam a competência, o cabimento e o processamento da Reclamação.

O CPC atual, porém, incorporou a figura da reclamação; sendo assim, por força do disposto no art. 769, da CLT, e no próprio art. 15, do CPC, a reclamação pode ser adotada pelo TST e por qualquer TRT.

O *caput* do art. 988 prevê os casos em que será possível fazer-se uso da reclamação.

Inciso I. Para preservar a competência do tribunal. Ocorre, por exemplo, quando se ingressa com ação direta de inconstitucionalidade em Tribunal Regional ou Superior, pois a competência para essa matéria é o Supremo Tribunal Federal.

Inciso II. Para garantir a autoridade das decisões do tribunal. Dá-se, digamos, quando o juiz não aplica tese firmada pelo tribunal no julgamento do incidente de resolução de demandas repetitivas (CPC, art. 985, I e II); quando, de modo geral, o juiz de Vara ignora decisão proferida pelo tribunal a que se encontra subordinado.

Inciso III. Em sua redação anterior, a norma previa a reclamação apenas para garantir a observância de decisão do STF e em tema de controle concentrado de constitucionalidade. Devemos lembrar que compete, com exclusividade, ao STF realizar o controle concentrado da constitucionalidade das leis e dos atos normativos do Poder Público. Esse controle é realizado por meio de ação direta. As decisões do STF, a respeito desse tema, devem ser acatadas pelos juízes de primeiro grau e pelos tribunais. Sendo a decisão do Excelso Pretório proferida em sede de controle difuso, não cabe reclamação.

Por força da Lei n. 13.256/2016, deslocou-se, do inciso IV para o III, a expressão "de enunciado de súmula vinculante", de tal maneira que a reclamação, nos termos do inciso III, cabe não somente para garantir a observância de decisão do

STF em controle concentrado de constitucionalidade, mas, também, para assegurar a observância de enunciado de súmula vinculativa do referido Tribunal. O STF pode adotar súmula dessa natureza, conforme previsto no art. 103-A, da Constituição Federal.

Inciso IV. A reclamação, formulada com base neste inciso, passa a ser cabível não mais com o objetivo de garantir a observância de enunciado de súmula vinculante e de precedente proferido em julgamento de demandas repetitivas (CPC, art. 976) ou em incidente de assunção de competência (CPC, art. 947), e sim, de *acórdão* emitido em tais processos.

Nesses casos, há inconstitucionalidade da norma, pois inexiste autorização constitucional para que se atribua efeito vinculativo às decisões proferidas no julgamento de demandas repetitivas ou de assunção de competência.

Não pode haver reclamação por desrespeito à decisão emitida em reclamação, pois, julgada a reclamação, caberá ao tribunal cassar a decisão "exorbitante do seu julgado" ou determinar a medida adequada à solução da controvérsia (art. 992).

§ 1º A reclamação poderá ser formulada no âmbito de qualquer tribunal. Será julgada pelo órgão jurisdicional cuja competência se procura preservar ou cuja autoridade se visa a garantir.

§ 2º A reclamação, instruída com prova documental, será dirigida ao presidente do tribunal. Não cabe instrução oral na reclamação. Sob esse aspecto, o procedimento é idêntico ao da ação de mandado de segurança.

§ 3º Recebida, a reclamação será autuada e distribuída ao relator do processo principal, sempre que possível, pois a reclamação não incide no plano dos fatos. A distribuição deverá ser imediata, por força da regra estampada no art. 929.

§ 4º As situações referidas nos incisos III e IV compreendem a aplicação indevida da tese jurídica e sua não aplicação aos casos que a ela correspondem. Fica claro, portanto, que a reclamação neste caso tem como fundamento não somente o fato de a tese jurídica não ter sido aplicada, como ter sido aplicada de maneira indevida, assim entendida a sua incidência em casos que não se justificavam.

§ 5º Alterado pela Lei n. 13.256/2016, que passou a tratar do assunto em dois incisos.

Inciso I. Constituía a parte final do *caput* do § 5.º do art. 988, em sua redação anterior. Acrescentou-se ao substantivo *decisão* o adjetivo *reclamada*.

É evidente que a reclamação não pode ser dirigida a decisão tornada indiscutível e imutável pela autoridade da coisa julgada material, que constitui garantia expressa pelo art. 5.º, inciso XXXVI, da Constituição Federal. Só a ação rescisória possui essa deferência do sistema.

Inciso II. Permite-se o uso da reclamação quando destinada a assegurar a observância de acórdão proferido em recurso extraordinário com repercussão geral reconhecida ou de acórdão emitido em julgamento de recursos extraordinário ou especial repetitivos, quando não esgotadas as instâncias ordinárias.

§ 6º O fato de o recurso interposto contra a decisão proferida pelo órgão reclamado ter sido julgado ou não admitido não prejudica a reclamação.

Essa declaração legal deixa transparecer a possibilidade de um mesmo ato jurisdicional ser duplamente impugnado: pela reclamação e pelo recurso, ou vice-versa. Não há, em rigor, contrariedade ao princípio da unirrecorribilidade, segundo o qual a lei não prevê a possibilidade de interposição de dois recursos para o mesmo ato jurisdicional. Ocorre que a reclamação não constitui espécie de recurso (CPC, art. 994), razão pela qual pode ser cumulada com o recurso interponível. Elementar regra de cautela recomenda, portanto, que a parte, ao ingressar com a reclamação, não se descuide de também interpor o recurso adequado à situação, para evitar o trânsito em julgado e, em consequência, a aplicação do disposto no § 5.º do art. 988: "É inadmissível a reclamação proposta após o trânsito em julgado da decisão". Esse já era, a propósito, o entendimento do STF, conforme demonstra a sua Súmula n. 734: "Não cabe reclamação quando já houver transitado em julgado o ato judicial que se alega tenha desrespeitado decisão do Supremo Tribunal Federal".

Coloquemos, todavia, um grão de sal na interpretação do § 6.º do art. 989: "A inadmissibilidade ou o julgamento do recurso interposto contra a decisão proferida pelo órgão reclamado não prejudica a reclamação". O que a norma legal está a dizer é que o recurso e a reclamação possuem autonomia quanto ao procedimento. Sob este aspecto, entende-se, por exemplo, que o fato de o recurso não haver sido *admitido* não prejudica o exame da reclamação. No que se refere, porém, ao *julgamento* do recurso, devemos expender uma ponderação necessária. Se o objetivo do recurso e da reclamação forem idênticos, o provimento ao recurso fará com que a reclamação fique, lógica e juridicamente, prejudicada, lembrando-se que um dos pedidos próprios da reclamação é o da cassação da decisão exorbitante do julgado do tribunal (CPC, art. 992). Essa decisão, porém, na situação de que estamos a cogitar, terá sido reformada pelo acórdão resolutivo do recurso. Tecnicamente, terá desaparecido o interesse processual do reclamante (CPC, art. 17), cuja consequência será a extinção do procedimento pertinente à reclamação (CPC, art. 485, VI).

Art. 989. Ao despachar a reclamação, o relator:

I — requisitará informações da autoridade a quem for imputada a prática do ato impugnado, que as prestará no prazo de 10 (dez) dias;

II — se necessário, ordenará a suspensão do processo ou do ato impugnado para evitar dano irreparável;

III — determinará a citação do beneficiário da decisão impugnada, que terá prazo de 15 (quinze) dias para apresentar a sua contestação.

Caput. Recebida a reclamação, o relator a despachará com vistas às providências mencionadas nos incisos I a III.

Inciso I. Requisitará informações da autoridade a qual se atribui a prática do ato impugnado. As informações deverão ser prestadas no prazo de dez dias;

Inciso II. Sendo necessário, determinará a suspensão do processo ou do ato impugnado, desde que isso seja necessário para evitar dano irreparável;

Inciso III. Determinará a citação do beneficiário da decisão impugnada para, se desejar, apresentar contestação no prazo de quinze dias. Esse beneficiário atuará como litisconsorte necessário e unitário.

Art. 990. Qualquer interessado poderá impugnar o pedido do reclamante.

Não somente o réu, mas qualquer pessoa *legalmente* interessada poderá impugnar o pedido do reclamante. O *interessado*, no caso, pode ser não apenas o adversário do reclamante, mas um terceiro que venha a ser prejudicado pela modificação da decisão impugnada. Em qualquer situação, não basta a existência de legitimidade para impugnar o pedido do reclamante: é imprescindível que haja, também, *interesse processual* (CPC, art. 17).

Art. 991. Na reclamação que não houver formulado, o Ministério Público terá vista do processo por 5 (cinco) dias, após o decurso do prazo para informações e para o oferecimento da contestação pelo beneficiário do ato impugnado.

Se o Ministério Público não for o autor da reclamação disporá do prazo de cinco dias para ter vista dos autos do processo. Esse prazo será contado o decurso do prazo para a prestação de informações e oferecimento da contestação pelo beneficiário do ato impugnado.

Art. 992. Julgando procedente a reclamação, o tribunal cassará a decisão exorbitante de seu julgado ou determinará medida adequada à solução da controvérsia.

Acolhendo o pedido de reclamação, o tribunal adotará uma destas duas providências: a) cassará a decisão exorbitante de seu julgado; ou b) determinará medida apropriada para a solução da controvérsia, que poderá consistir no proferimento de nova decisão que não incida nas previsões do art. 988, I a IV.

Art. 993. O presidente do tribunal determinará o imediato cumprimento da decisão, lavrando-se o acórdão posteriormente

Proferida a decisão, o presidente do tribunal determinará o seu imediato cumprimento. O acórdão respectivo será lavrado posteriormente. Cabe lembrar a regra do art. 943, § 2º, conforme a qual a ementa do acórdão deverá ser publicada no órgão oficial no prazo de dez dias, e o acórdão, no prazo de trinta dias, contados da sessão de julgamento, sob pena de ser substituído pelas notas taquigráficas, segundo prevê o art. 944.